Martina Jenner

AF287550

Die Partykatze

Feiern bis die Pizza, der Arzt oder die Polizei kommt...

Humoristisches Sachbuch mit Kurzgeschichten

Auflage September 2011

Printet in Germany

Homepage: http://www.die-rote-feder.de

Herstellung und Verlag:
Books on Demand GmbH, Norderstedt
ISBN: 978-3-8423-7969-5

Vorwort

Nach dem ganzen Trubel von schuftenden Samtpfoten und dem in Gerichtspro-
zessierendem Katzenvolk, wie auch der glücklichen Rückkehr aller vermissten
Arbeitsgenossen, haben wir nun endlich allen Grund unsere Erfolge um und vor
allem durch uns, auch einmal ausgiebig zu feiern. Des weiteren, uns an den leichten und lustigen Ereignissen unserer kompletten „neun" Katzenleben zu erfreuen.
Wir meinen mit felsenfester Überzeugung, dass wir ausnahmslos alle unsere
Leben ausgezeichnet gut gestalten und erleben wollen. Außerdem halten wir den
Begriff von „neun Katzenleben" unbedingt überarbeitungswürdig. Nach dem
neunten Leben muss gewiss noch lange nicht Schluss sein. Es sind ganz einfach
nur neun Entwicklungsstufen, die auch mit schönen Ereignissen in die nächste
Entwicklungsstufe gehen, nicht nur mit den üblichen manchmal lebensbedrohli-
chen Minuten oder gar unzähligen traurigen Stunden. Sonst hätten einige Menschen aufgrund ihres fehlenden Instinktes vielleicht auch neun Leben bitter nötig,
bei deren Tollpatschigkeit über die wir uns nur wundern können. Habt Ihr denn je
darüber schon jemanden sprechen gehört?

Aus Gründen der besseren Lesbarkeit, wird in diesem Buch überwiegend die männliche Schreibweise verwendet. Wir weisen an dieser Stelle ausdrücklich darauf hin, dass sowohl die männliche als auch die weibliche Schreibweise für die entsprechenden Texte gemeint sind.

Inhaltsverzeichnis: Katzenparty

Gründe um zu feiern

Nun, da wir unsere letzten Gerichtsprozesse mit Pauken und Trompeten wie dazu auch noch mehr Beifall von unseren katzenfreundlichen Menschen gewannen, haben wir einer der besten Gründe, um ausgiebig und exzessiv zu feiern. Gerade auch weil Karamir nach mehr als einem Jahr wieder zurück fand, gebührt ihm im Grunde ein Partymarathon. Deshalb steigt bei uns endlich die große Party. Stimmung, yea...

Auch andere Erfolge „kätzischer Art" die wir Samtpfoten mit Bravour erzielen, sind Grund genug für uns, umgehend entsprechende Partys zu arrangieren. Sie wollen wissen, was Erfolge kätzischer Art sind. Ganz einfach: die erfolgreiche Umwandlung von katzendesinteressierten Menschen zu katzenhörigen Dosomaten, die uns restlos treu ergeben sind. Ebenfalls auch, um bestimmte Hunde und Hundehalter davon zu überzeugen, dass wir keine hundeschikanierenden Wesen sind, die zu aufdringliche Welpen anscheinend dermaßen traumatisieren, dass diese lebenslang schlecht auf uns zu bellen sind, wie mancher Hundehalter fadenscheinig argumentiert, wenn sein Hund uns Miniaturlöwen nicht mag oder uns tatsächlich nur zum fressen gerne hat. Weitere Erfolge die es besonders mit zuckerfreier Sahne sicherheitshalber zahnarztfrei zu feiern gilt sind selbstverständlich auch der Grund unserer gravierenden Beliebtheit in unserer näheren Umgebung. Ein weiterer Anlass ist auch unser Frühlingsfest nach langen strengen Wintern, mit erstem zauberhaftem gratis Vogelkonzert gegen fünf Uhr morgens. Besonders lieben wir vor allem bei uns auch die nächtlichen Flirtpartys mit laut singenden Katern, die uns Katzendamen unbeirrt anschmachten. Bis sie nach ihrem Erfolg der trauten Zweisamkeit, welche etwa zwei Monate später seine Resultate zeigt, in Form von nimmersatten Kitten, dem zuvor unermessliche Leidenschaft vorausging, meist auf Nimmerwiedersehen verschwinden. So wie bei den Menschen der männliche Part plötzlich nach einem Zigarettenautomaten giert und trotz Fahndungsplakaten „Wanted dead or alive", nie wieder gesehen wurde. Bei den „umtriebigeren" Damen der Katzenzunft, kommt dazu noch das Problem der „Vaterschafts-ermittlung" hinzu.

Darauf folgt selbstverständlich der nächste Grund diverse Feierlichkeiten auszurichten. Nämlich die Geburt unserer süßen Kitten, die uns manchmal ganz schön struppig und zerzaust aussehen lassen.

Natürlich feiern wir hin und wieder die Feste auch wie sie fallen – sogar beinahe jeden Tag! Denn wenn unsere Dosine aus dem Haus ist, tanzen die Rabaukenkatzen auf dem Tisch oder flanieren unter den Tischtüchern.

Wissenswertes zu Katzengedenkzeiten

Wie die Menschis haben auch die Samtpfoten ihre Gedenktage, an denen sie feierlich von ihrer täglichen Arbeit freigestellt sind und diese hoffentlich nicht nur zum exzessiven feiern, sondern auch bitteschön zum ehren ihrer pflichtbewussten Katzenhalter angehalten sein sollten. Nachfolgend finden Sie die wichtigsten Termine hierfür.

Internationaler Katzentag am 8. August 2011 weltweit:
Der internationale Katzentag (auch Weltkatzentag genannt) ist ein Aktionstag, der seit dem Jahr 2002 durch die International Fund for Animal Welfare (IFAW) gemeinsam mit anderen Tierschützern ausgerufen wird. In Deutschland richtet die Tiertafel diesen Aktionstag aus.
Die Katze ist ein seit mindestens etwa 9.500 Jahren vom Menschen gehaltenes Haustier. In den 1990er-Jahren war die Katze das am weitesten verbreitete wirtschaftlich <u>nicht</u> genutzte Haustier der Welt und lief zum ersten Mal in ihrer Geschichte dem Hund den Rang ab.

Persönlicher Kommentar:
Entspricht nicht ganz den Gegebenheiten der Katzen, die als Mäusefänger und andere Aufgaben angeschafft wurden.

In der heutigen Zeit genießt die Katze in Japan eine hohe Wertschätzung. Der in Tokio stehende Tempel Go-To-Ku-Ji, der zu Ehren der Katze "Maneki Neko", die das rechte Vorderbein zur Begrüßung des Besuchers erhebt und Glück und Reichtum bringen soll, erbaut wurde, ist ganz den Katzen gewidmet. Auch in China und Thailand werden Katzen noch immer als Gottheiten verehrt. (Mit Material von: Wikipedia, Lizenz: CC-A/SA)

Quelle:http://www.kleiner-kalender.de/event/internationaler-katzentag/6026-welt.html

Jahr der Katze weltweit:

Vietnam. Am 2. Februar ging das Jahr des Tigers zu Ende, am 3. Februar begann das Jahr der Katze. Das bevorstehende Jahr der Katze gilt traditionell als ein ruhiges Jahr, das nach Katastrophen und vielerlei Aufregungen des Tigerjahres Gelegenheit zur Besinnung bieten soll. Unmittelbar vor dem Jahreswechsel wurden jetzt in Vietnam wichtige politische Entscheidungen getroffen.
Quelle: Deutsch Vietnamesische Gesellschaft
http://www.vietnam-aktuell.de/forum/27-sonstiges-zum-thema-vietnam/269-neujahr-in-vietnam-das-jahr-der-katze

Warum das Jahr der Katze in China dem Hasen gehört...
Vielleicht hat der ein oder andere es bereits mitbekommen. In Vietnam ist das Jahr der Katze angebrochen, während in China dieses Jahr der Hase alle Fäden in der Hand hält und die Katze im chinesischen Horoskop auch nicht vorkommt.
Nun, warum ist das so? Die Legende besagt, dass Buddha (oder in anderen Quellen auch der mythologische Jade-Kaiser Yu Di) vor langer Zeit alle 13 Tiere der Tierkreiszeichen zu einem Fest einlud. Die Katze war neben den zwölf im chinesischen Tierkreis vorhandenen Gesellen, ursprünglich die 13. im Bunde. Nun spielte die Ratte der Katze jedoch einen Streich und sagte ihr, dass Buddhas großes Fest erst einen Tag später stattfinden würde. Daher verschlief die Katze die Feierlichkeit und wurde nicht mit einem Jahr bedacht. Als die Katze dies im Nachhinein erfuhr, wurde sie verständlicherweise sehr wütend, und jagt seitdem immer wenn sie die Möglichkeit hat Ratten und Mäuse.

Quelle: Publiziert am 14. Februar 2011 von Anika
http://haustiger.info/warum-das-jahr-der-katze-in-china-dem-hasen-gehort

Weitere Gedenktage

Historisch gesehen wäre auch noch die Walpurgisnacht für magische Ereignisse ein Gedenktag für uns Fellnasen. Dann sind da noch die allgemeinen Feiertage der Tierwelt zu allen möglichen Themen zu berücksichtigen. Wir hoffen sehr, dass sie ihren Eintrag in den nächsten Katzenkalender finden.

Partyknigge von Aribaldi

Aribaldi war empört! Von der letzten Party hatte er sein rosa Schnäuzchen gestrichen voll. So wie diese Feier ablief, fand er dies einfach nur stillos! Entrüstet wandte er sich an seinen Futtomaten Bernd: „Tu endlich was", maunzte er ihn pikiert an. Nicht nur dass es an einer korrekten Einladung gefehlt hatte, nein, auch die Partygäste waren an diesem Tag völlig außer Rand und Band. Am Schluss klopften sie sich auch noch. Da hatten einige wohl etwas üppiger gegessen und ausschweifender getrunken, als es sich für eine ordentliche Party geziemte, tsts! Ein unglaubliches Durcheinander und Spektakel musste Aribaldi erleben, es war ihm schon richtig peinlich. Zu guter Letzt stand auch noch die Polizei wegen Ruhestörung vor dem Haus. So stellte er einige Bedingungen als kleine Anstandsregel für alle Partymiezen zusammen.

Einladungen formvollendet:
Also erstens erwarte ich, dass mir die Einladungen und auch die Zusagen gefälligst rechtzeitig vorliegen, denn schließlich habe ich als Kater von Welt einen vollen Terminkalender. Zweitens möchte ich nicht neben dem ewig verfressenen Blacky sitzen müssen, der mir meine Crunchis vor der Nase wegfuttert, bevor ich überhaupt noch an ihnen schnuppern kann und drittens dröhnen mir noch jetzt die Ohren vom lauten Gekreische der Katzendamen. Bitte stellen Sie deshalb ihre Gästeliste entsprechend dem Niveau der Gäste zusammen. Bedenken Sie vorausschauend, wie viele Gäste Sie einladen und wie viel davon tatsächlich erscheinen. Nicht dass wieder kein einziger Krümel für mich übrigbleibt!

Outfit:

Die Frage aller Fragen:

Was um Himmels willen soll ich denn nur anziehen???!!

Ich habe doch nichts mehr – mein Kleiderschrank ist leer!! Dies sind absolute Fremdwörter in der Katzensprache. Wir Haustiger sind in dieser Sache absolut umweltfreundlich und unkompliziert. Jeder Modedesigner könnte für den Rest seiner Karriere einpacken – die Modebranche hat bei uns nicht die geringste Chance, uns irgendwelche fragwürdige Kollektionen anzudrehen. Kommen Sie bloß nicht auf den blödsinnigen Gedanken uns für irgendwelche Anlässe einkleiden zu wollen – wir sind Katzen, keine Menschen. Selbst wenn manche von uns irgendwelche mehr oder weniger schmucken Halsbänder tragen müssen. Das „kleine Schwarze", den Leopardenlook und ähnliches tragen wir unser Leben lang, ohne dass dieser für nicht mehr zeitgemäß erklärt wird. Unseren Pelz waschen wir selber – jeden Tag.

Mitbringsel:

Dann muss ich auch noch kopfschüttelnd bemerken, dass es absolut stillos ist, einer Katze nichts mitzubringen, wenn man schon großzügig und formvollendet eingeladen wird. Mindestens ein kleiner Snack oder noch besser ein Duftkissen, wäre uns zu überreichen, wenn man nicht als Rüpel von uns betrachtet werden will. Das gehört sich einfach – so auch für die Menschen die mein Frauchen besuchen. Basta!

Geschenke beiderseits:

Ist doch klar, dass sich jeder über diverse Geschenke freut. „Hast Du mir etwas Schönes mitgebracht", fragt Luzio stets jeden Besucher seiner Dosine, wenn er sich wie ein Türsteher mit voller Breitseite vor den Gästen aufbaut. Erwartungsvoll fixiert er sie mit charmant schief gelegtem Köpfchen, wenn sie allzu zögerlich reagieren.

Stilvolles Absagen von Partys:

Wenn Ihr nach einer Einladung aus irgendwelchen nicht nachvollziehbaren Gründen nicht erscheinen könnt oder wollt – dann sagt bitteschön rechtzeitig ab, bevor der große Einkauf vom geplagten Gastgeber getätigt wird.

Habt Ihr plausible Gründe, so nennt sie bitteschön, damit beim Gastgeber keine nagenden Selbstzweifel entstehen. Bringt ihm die Absage schonend entgegen. Mit ein paar netten Maunzern und ein artiges Danke für die Einladung zeigt Ihr stilvolles Benehmen. Empfehlt Euch mit guten Wünschen für eine gelungene Festlichkeit. Dann habt Ihr die Chance auch für die nächste Einladung wieder auf Rang eins der Gästeliste zu stehen.

Absagegründe:

Blitzeis, Orkane, Überschwemmungen und sonstige Notfälle lasse ich gerade so noch als kurzfristige Absagegründe gelten. Erzählt mir aber bitte nicht, dass Ihr irgendeinen Konservendosenspielfilm sehen möchtet oder Euer Goldhamster plötzlich die Malaria bekommen hat.

Terminüberschneidungen akzeptiere ich ungern, denn ich denke, ich bin es wert dass man meine Partyeinladung freudig annimmt.

Reden schwingen - Festreden:

Also wenn mir meine Partygäste ein paar nette Maunzer zukommen lassen und die Festlichkeiten mit Begeisterung genießen, bin ich vollauf zufrieden. Jedes Mal wenn ich an diversen Veranstaltungen teilnehme, bete ich bei der großen Katzengöttin, dass ich von derlei Mammutreden verschont werde. Geschwätzige Samtpfoten die stundenlange Monologe vor allem vor dem

Futtern halten, sind mir ein Graus. Einmal knurrte mir mein Magen dabei so laut, dass eins dieser Schwatzbasen das Mäulchen vor Staunen offenstand und es den Maunzfaden verlor.

Partyende:
Jede noch so schöne Party hat irgendwann in diesem Leben auch mal ein Ende. Spätestens dann, wenn der Gastgeber sich in eine Ecke einrollt und lauthals zu schnarchen beginnt, sollte selbst die begriffsstutzigste Samtpfote wissen, dass es Zeit ist, sich auf seine Söckchen zu machen, bevor sie beim Aufräumen mithelfen muss.

Klar, es ist unwahrscheinlich schwierig zu wissen wie lange man zu bleiben gedenkt und wann man sich davon trollt. Ich selbst achte dabei auf kleine Details meines Gastgebers. Wenn ihm sein runder Kopf auf seine Vorderpfötchen fällt oder er mehrmals mit einem herzhaften Gähnen seine wundervollen Eckzähne aufblitzen lässt, wird es Zeit sich höflich zu verabschieden. Ich will mir seine freundliche Rausschmeißerrede nun wirklich nicht anhören. Ebenfalls stört es mich, wenn er anfängt die große Wohnzimmeruhr wie das achte Weltwunder anzustarren - das ist garantiert ein Wink mit dem Zaunpfahl, um sich schleunigst durch die nächste Katzenklappe zu verabschieden.

Gelegenheit macht Partys

Wir sind zweifelsfrei in der Lage, zu jeder passenden Gelegenheit eine grandiose Party zu schmeißen, ohne deshalb gleich große Vorbereitungen oder langwierige Einladungen zu versenden. Unser „Busch- und Maunzfunk hat einen ausgezeichneten Empfang - absolut gebührenfrei.

Die kleinen und die großen Partys

Je nach Anlass und Gelegenheiten gestalten und feiern wir große oder kleinere Partys. Unsere Lebensumstände, wie Ihr sicherlich wisst, erfordern ganz einfach eine größere Flexibilität, gerade weil unser Menschomat uns nicht immer seine eigene Lebensplanung offenbart. Gemeinerweise hat er seinen Terminkalender viel zu oft in seiner Tasche vor uns versteckt. Auch das ist eines seiner rätselhaften Geheimnisse, die wir ganz sicher irgendwann entdecken werden, oft dank Kommissar Zufall.

Genehmigte und ungenehmigte Partys

Sollte der bedauernswerte Nachbarshund in lautes verzweifeltes Jaulen verfallen, weil er wieder mal nicht bei der Partyeinladung berücksichtigt wurde, könnten Sie ihm ja mal mahnend auf die Ruhezeiten die in der Hausordnung geschrieben sind, hinweisen. Diese besagte nämlich sinngemäß: keine Mäusegrillpartys ohne Anmeldung, kein lautes Gegröle, bzw. herum gemaunze und bitteschön keine baldriantrunkenen Gäste, die ihr Zuhause nicht mehr finden und sich vor der falschen Fußmatte platzieren, so dass man beim Verlassen der Wohnung über die schlummernden fremden Teppichtorpedos stolpert. Im übrigem empfiehlt es sich für derartig opulente Partys die Genehmigung beim eigenen Menschomat absegnen zu lassen, damit er unseren Wünschen entsprechend dekorieren und vor allem einkaufen kann.

Partyausstattung

Idealerweise befindet sich die Ausstattung für die Festlichkeiten in einer umweltschonenden Verpackung und ebenso aus deren biologisch abbaubarem Material - natürlich aufessbar, magenverträglich und zuckerfrei. Einfach alles was bunt glitzert, gehört zu unserem Partyutensilien. Jedoch Achtung, Lametta oder ähnliches ist Gift für uns. Die Party kann dann ganz schnell im Katzenhospital enden.

Partykonsumrausch

Was wir wirklich nicht verstehen können, ist die Zeitplanung für den Einkauf des Partyzubehörs in der Menschenwelt. Könnt Ihr Euch vorstellen, dass noch vor dem Erntedankfest Weihnachtsgebäck in den Läden zum Verkauf aufgetürmt wird? Ja, da staunte meine Dosine letztes Jahr nicht schlecht. Ach ja, kurz nach Silvester gab es in diesem Jahr bereits Osterartikel zu kaufen – unverständlich. Aber Ihr konsumiert ja, bis Euer Geldbeutel eine absolut gähnende Leere aufweist.

<u>Wir geben Euch da einen brandheißen Spartipp:</u>
Kauft am besten eine Woche nach dem Ende Eurer komischen Feiertage die zugehörigen Utensilien und Süßigkeiten auf Vorrat. Sie kosten nur noch die Hälfte wie vor den jeweiligen Festtagen, die andere Hälfte von Euren „Mäusen" überlasst Ihr lieber uns. Wir wissen tatsächlich etwas Besseres damit anzufangen. Was die Süßigkeiten betrifft, schließt sie in einem Tresor ein und versteckt den Schlüssel – sie halten dann sicherlich bis zum nächsten Jahr.

Menüs zum Stärken

Wenn wir feiern, haben wir natürlich auch Hunger oder einfach nur Gelüste auf etwas besonders Leckeres. Dafür gibt sich sicherlich der Kühlschrankinhalt unserer Dosinen her, den wir fachspezifisch knacken können, wenn wir nur wollten. Andernfalls steigen wir durch die geöffneten Fenster der Nachbarn ein, aus denen der verlockende Hähnchenduft weht.

Feiern bis der Pizzabote, der Arzt oder die Polizei kommt

Wir kennen den Absatz der Ruhe regelnder 22:00-Uhr-Bestimmung aus der Hausordnung nicht. Und wenn, wäre sie uns absolut egal. Wenn wir mal richtig feiern, dann lautstark und mit viel Tamtam, so dass Menschen mit einem leichtem Schlaf die Ohren klingeln. In diesem Fall sind uns Pizzaboten, die uns die Mäusepizza bringen, immer herzlich willkommen. Einen Arzt brauchen wir selten, da wir uns nur an Kräutern berauschen und nicht am Alkohol. Sollte tatsächlich wegen unserer Partys die Polizei anrücken, um die Ruhestörung durch uns zu unterbinden, stieben wir flugs auseinander. Pa, die kriegen uns garantiert nicht. Dazu sind überhaupt nicht sportlich genug.

Speziell für Katzenhalter

Ist Ihre Samtpfote ein Partymuffel oder eher ein Hansdampf in allen Gassen? Wenn Sie den begründeten Verdacht hegen, dass Ihre Katze des Öfteren heimlich auf allen Partys und Hochzeiten tanzt, Ihr Kühlschrank abends eine gahnende Leere aufweist, Ihre Speisen auf unerklärliche Art und Weise verschwinden oder Sie beim Großreinemachen an den unmöglichsten Stellen angesammelte Essensreste vorfinden, haben Sie endlich die Gewissheit darüber was Ihr „unschuldiges" Samtpfötchen so alles anstellt. Im Klartext: Ihre Fellnase bunkert Vorräte für nicht angemeldete, zügellose Ausschweifungen. Wenn Sie das endgültig unterbinden wollen, deponieren Sie Ihre Lebensmittel künftig in einem Tresor mit sicherer Zahlenkombination. Dann verhängen Sie zur Sicherheit aller Beteiligten, eine Ausgangssperre für Ihre umtriebigen Miezen. Vergessen Sie dann nicht Ihre Beruhigungspillen, wenn Sie die von Ihrer liebreizenden Samtpfote bearbeitete Tapete erblicken.

Aufwachen mit einem „Kater" - wenn eine Katze „einen Kater" nach dem Erwachen hat...

Das morgendliche Erwachen mit einem Kater; ist bei uns im Gegensatz zu den Menschen absolut keine Alkohol- und „saure Gurken Angelegenheit" mit übermäßiger Übelkeit und rasenden Kopfschmerzen. Sondern mit einem echten Kater, mit dem wir die Nacht durchgefeiert und Abenteuer erlebt haben, von denen wir dann noch unseren daraus folgenden Kitten erzählen können.

Fastenzeit

Leider lassen sich einige Vertreter von uns auch außerhalb der Partys dermaßen gehen, dass eine Fastenzeit angebracht ist, die sie wieder so in Form bringt, dass sie im imposanten Sprung einen Baum erklimmen können und nicht wie Fallobst von den Ästen schwer herunterhängen oder ansonsten wie übriggebliebene faule Ostereier herumliegen. Sieht nicht grazil aus.

Festevorbereitung um uns zu schützen und zu schonen

Bitte verschont uns vor allzu ausgelassenen Partygästen beziehungsweise von diversen Verwandten, die uns immer streicheln und abbusseln wollen. Das ist so, wie Ihr als Kind dem ungeliebten fernen Verwandten immer die Hand geben und einen Knicks machen musstet. Sichert am besten die Wohnungseingangstür, wenn wir nicht Freigänger sind. Sorgt dafür, dass im Badezimmer immer der Toilettendeckel geschlossen ist, klebt notfalls einen Zettel an die Spülung. Am besten Ihr stellt uns ein Zimmer für diesen Ausnahmezustand zur Verfügung, in dem wir – UNGESTÖRT!- verweilen können, bis Ihr Euch wieder einkriegt. Selbstverständlich stellt Ihr uns etwas Feines zum knabbern und zum schlabbern hin, Wasser natürlich! Den Kater habt ja meistens Ihr am nächsten Morgen. Wir kennen Eure kurzweiligen jammervollen Sprüche inzwischen: „Nie wieder Alkohol". Wenn wir kein Zimmer zur Verfügung haben, dann bereitet uns bitte gute Verstecke her, in denen wir vor zu aufdringlichen Gästen flüchten können. Bitte keine schräg gestellten oder offenen Fenster ohne Sicherung, sonst könnte die Party ganz schnell zu Ende sein.

Partys der Menschen mit Vorsichtscharakter

Wenn unsere Menschis ihre Partys feiern, ist das nicht unbedingt ebenfalls ein Grund für uns mitzufeiern. Nicht dass ihr meint, wir seien Partymuffel. Nein, aber bei so manchen Festlichkeiten sind uns einfach zu viele Menschen und zu viele Füße dabei, auf die wir achten müssen, damit niemand versehentlich auf uns tritt. Auch gibt es dort immer wieder Personen, die uns partout zwangsknuddeln wollen und das hassen wir. Dann sind da noch die Vertreter der menschlichen Gattung anwesend, die wegen uns ständig am niesen sind und uns deshalb vorwurfsvoll anblicken. Die sollten am besten in ihrem eigenen Zuhause bleiben.

Weihnachten

Ja, hier hat der Dekorationsirrsinn wirklich sein Zeitfenster gefunden. Statt dass man uns den undekorierten Weihnachtsbaum zum bearbeiten überlässt, wird dieser über und über mit glitzernden Lamettastreifen, Glaskugeln, Figürchen und Sonstigem Plunder überladen. Dabei wird es uns regelmäßig schlecht wenn wir das Lametta versehentlich verschlucken. Die Glaskugeln sind ebenfalls nicht zum spielen für uns geeignet, sie zerbrechen viel zu schnell und wir ziehen uns dann üble Schnittwunden zu. Die Krönung der Risiken, ist dann noch das Anzünden von Kerzen. Bei unseren wilden Rennereien kann das leider brandgefährlich für uns Fellnasen werden und dabei unseren wundervollen Pelz ansengen. Das wollt ihr doch ganz sicherlich nicht!

Sylvester

Oh je, bei diesen Feiern kann es uns ganz Angst und Bange werden. Für uns hören sich die Knaller und Kracher an als ob ihr Krieg gegeneinander führen würdet. Es ist ein ohrenbetäubender Lärm, der uns ganz schwindelig macht und uns in tiefe Panik stürzen kann. Dann noch die vielen plötzlichen Blitze am Himmel die wir als völlig unnatürlich empfinden, sie schmerzen in unseren Augen. Wer sich jetzt noch von uns im Freien befindet und sich nicht selbst ganz schnell in Sicherheit bringen kann, hat erschreckend schlechte Karten. Fragt nur mal in den Tiernotfallambulanzen nach, das ärztliche Personal kann Euch viel von unseren Brand,- Augen- und Ohrenverletzungen wie auch von unseren Schockzuständen erzählen. Wenn wir daran denken, was diese Silvesterpartyutensilien alles kosten, könnten wir davon bald lebenslang nur Gourmetfutter für uns kaufen. Na gut, wir wollen ja keine Stimmungskiller sein. Daher bitten wir Euch eindringlich diesen Gefahren vorzubeugen.

Lasst uns auf keinen Fall außer Haus gehen, selbst wenn wir einen riesigen Terz machen, bis Eure Nervendrähte blankliegen. Ein halber Tag vor und ein ganzer Tag nach Silvester könnte wegen der Raketen und Feuerwerke, immer noch kritisch sein. Richtet abgedunkelte sichere Plätze für uns ein. Redet vorher und spielt ein wenig mit uns, serviert uns etwas Leckeres, am besten holt Ihr Notfalltropfen (Bachblüten) aus der Apotheke – für Euch und für uns. Dann können selbst wir uns auf das neue Jahr freuen.

Einweihungsfeiern

Auch bei diesen Feiern sind uns manchmal zu viele Menschen in unseren Bereichen. Versteht doch bitteschön einfach: Wir mussten uns wehmütig von unserem alten Zuhause und dazu noch langjährigen Freunden für immer verabschieden und nun an ein neues Zuhause gewöhnen, daher brauchen wir einfach noch etwas Zeit. Wenn wir bei den vielen Partyankömmlingen unbemerkt durch eine Tür die nach draußen führt entwischen, kann es uns passieren, dass wir nicht mehr zurückfinden. Schlimmstenfalls kann das für uns in eine Katastrophe münden.

Weitere Gefahren bei den Partys unserer Menschen

Rauchen und Alkohol

Igitt, wie das schon riecht, ist es eine absolute Zumutung für uns. Hier könntet Ihr im Übrigen mal Studien nachlesen, die besagen, dass wir durch Euer Rauchen enorm krebsgefährdet sind. Dieser Krankheitsverlauf, der schmerzlich lange andauert, ist nicht nur für Euch Menschen eine Qual. Bitte nehmt daher Rücksicht auf uns und geht zum Zigarettenpaffen, wenn Ihr es schon nicht lassen könnt, auf den Balkon oder ins Freie.

Für uns zugängliche Bowlen

Wie Ihr Menschen wisst, sind wir Katzen Jäger und Sammler. Wir angeln gern in Teichen und alles was an und unter der Oberfläche eines Wassers schwimmt reizt uns es zu erhaschen. In einer Bowle sehen wir einen Miniteich, den es zu erforschen gilt. Bei dem Alkoholgehalt der in diesem Gefäß vorhanden ist, kann es wenn wir unvorsichtig sind, zu übelsten Ausfällen durch den von uns versehentlich verschluckten Alkohol kommen. Wenn Ihr schon derweilen den Alkohol nicht vertragt, könnt Ihr es von uns schon gar nicht erwarten. Daher stellt dieses Gefäß bitte an einen sicheren Platz oder achtet darauf, dass wir nicht in diese Nähe geraten.

Silvester gut überstehen: Tipps und Tricks gegen den Kater

Für Menschen ganz einfach: Wenig Alkohol – besonders viel Wasser. Natürlich Mineralwasser – kein Feuerwasser oder gar Löschwasser eines möglichen Feuerwehreinsatzes.

Aber mal im Ernst: Was haben Sie gegen mich als gestandener Kater Aribaldi. Ich bin doch eine wundervolle und gesittete Fellnase. Soll einer mal die Menschis verstehen?! So manche Katzendame würde sich glücklich schätzen morgens mit mir als Kater aufzuwachen!

Gefährliche Spielzeuge bzw. Partyutensilien

Alles was glitzert, funkelt und leuchtet, zieht uns magisch an. Wir können einfach nicht anders und müssen diese fremden Dinge ausgiebig untersuchen und damit spielen. Schwupps, haben wir es schon verschluckt. Genau da liegt die große Gefahr, dass wir etwas Giftiges verschlucken können, welches uns so quer in der Luftröhre oder gar im Magen steckt, dass wir entweder auf dem OP-Tisch oder schlimmstenfalls auf dem Friedhof der Kuschelkatzen landen.

Gehen Sie bitte durch Ihre Wohnung und stellen Sie sich vor, Sie sind selber Ihre Samtpfote und würden sich für alles interessieren was neues herumliegt.

Was würden Sie als neugieriger Sofatiger alles tun oder verschlucken, was da so alles so unbeaufsichtigt herumliegt. Wenn es gefährlich ist, beseitigen Sie es bitte. Sie ersparen uns den Tierarzt und schonen Ihre wertvollen Finanzen.

Checkliste für Vorsichtsmassnahmen:
- Verbandskasten überprüfen und wenn nötig ergänzen.
  Beruhigungsmittel wie Bachblüten bereithalten – für Mensch und Katze.
- Liste der Rufnummern von Tierärzten griffbereit halten.
- Süßkram oder der typische Supermarkt-Marmorkuchen im Supersonderangebot von vorgestern, für alle nachbarschaftlichen Krisensituationen bereitstellen.
- Trockenblumensträuße oder sonstige Pflanzen bereitstellen.
- Ein umfangreiches Sortiment von Gruß-, und Entschuldigungskarten für geplagte oder erboste Nachbarn zulegen.

Warnung!

- **Bitte die Catdrinks in Porzellanschalen füllen. Wenn Glas zerbricht können bereits winzige Glassplitter gefährliche bzw. tödliche Verletzungen anrichten.**
- **Menüs nicht zu fetthaltig reichen, wegen Gefahr von Leberschäden.**
- **Keine Schokolade, keine Sahneorgien.**
- **Alkohol nicht unverschlossen herumstehen lassen.**
- **Frostschutzmittel fest verschließen.**

Story 1: Gewonnene Gerichtsprozessparty

Die Party wurde im Namen von Muffi und Kasimir ausgerichtet und durch den Katzenclub der Richterkatze Quendolina, 🕷großzügig gesponsert. Schließlich gab es einen erfreulichen Grund dafür, den wir Euch auf keinen Fall vorenthalten wollen und der durch die Gerichtsbarkeit „im Namen des Katzenvolkes", mit Hilfe der Richterkatze Quendolina, fast schon salomonisch entschieden wurde. Denn in unserer Wohnsiedlung verschwanden merkwürdigerweise seit geraumer Zeit, diverse kleinere Gegenstände ohne bedeutenden wirtschaftlichen Wertezuwachs. Besonders wunderten sich die Bewohner über ihren Wäscheschwund von den Leinen, die draußen an Metallstangen gespannt waren. Gravierendes Misstrauen machte sich hinter den verhangenen Fenstern und Wohnungstüren der geschädigten Nachbarn breit. Unhaltlose Verdächtigungen wurden hinter vorgehaltener Hand ausgesprochen. Jeder stand unter Verdacht der Klauerei. Die schamlose Diebin ging nach Wochen ins Netz der Fahndung einiger tatkräftiger Mitbewohner. Sie hatten ihr Versteck, in dem die Diebesware gelagert war, nur durch Kommissar Zufall entdeckt. Verdächtige Spuren konnten ihr nun zweifellos nachgewiesen werden. Die perfekt ausgefeilte Anklageschrift eines gewieften Anwalts ging Muffi, pardon, Muffis Katzenhalter zu. Nun erhielt Muffi die Quittung für Ihre miese Kleptomanie. Sie war entlarvt! „Warum nur klaust du wie eine Elster!?", fragte Katrin ihre Muffi verzweifelt. Schuldbewusst senkte Muffi ihr kohlrabenschwarzes rundes Köpfchen und versteckte ihr Gesichtchen hinter ihren verschränkten Pfötchen. Wo nur war das nächste Mauseloch in das sie sich verkriechen konnte? Suchend blickte sich Muffe um. Nach einer Weile maunzte sie von ihrer vermeintlich schlechten Kindheit, die sie zeitweise als arme Straßenkatze verbringen musste und welche tiefste Spurrillen in ihrer empfindsamen Seele hinterlassen hatten. Mehr viel ihr zu ihrer Verteidigung nicht ein. Während des Gerichtsprozesses 🕷 debattierten die Parteien recht kontrovers. „Diese Kleptomanin gehört eingesperrt, ab mit ihr in den vergitterten Katzenknast oder in das nächste Tierheim!", rief eine Nachbarin den Schöffen im Gerichtssaal zu. Nach langem Zuhören der zerstrittenen Parteien, machte der entnervte Richter schließlich kurzen Prozess – jedoch nicht mit Muffi – sondern mit der vermeintlichen Geringfügigkeit dieser Gerichtssache. Das Urteil 🕷war denkbar human für

Muffi. Die stibitzten Artikel wurden ihren ehemaligen Besitzern zugeordnet und zurückgegeben. Einige der Leute verzichteten auf ihre Wäschestücke, da diese besser nicht für die Weltöffentlichkeit bestimmt waren und niemand erfahren sollte, dass diese ihnen zuzuordnen wären. Zusätzlich wurde Muffi eine regelmäßige Behandlung bei einer Katzentherapeutin auferlegt, damit sie nicht mehr rückfällig werden würde. Um eine einmonatige Bewährungsstrafe 🕷 kam sie jedoch nicht herum. Muffi steht seitdem unter einer strengeren Beobachtung als bisher. Die gefährdeten Wäschespinnen wurden katzensicher umzäunt, so dass Muffi nicht mehr in Versuchung des Klauens gerät. Die Konsequenz daraus ist natürlich, dass Muffi ihren Ruf als uneinsichtige Diebin für ihr ganzes Katzenleben nicht mehr los wird. Eine kleine Wasserabschrecktherapie bei Klauansätzen zeigte inzwischen leichte Ansätze der Besserung.

Kasimirs Gerichtsprozess hatte einen anderen Grund:

In der dritten Instanz 🕷 hatte Kater Kasimir den Prozess nach zähem Ringen gewonnen. Seine absolut unanfechtbar glaubhaften Argumente in eigener Sache hatte er mit einem einzigen „Mau^{hhu}uuuu^{u}!", begleitet von einem jämmerlich betrübten Gesichtsausdruck, überzeugend dargelegt. Von der Nachbarin, die einen Vogel hat und zwar einen Graupapagei, wurde dem Kater zu Last gelegt, dass er dieses beklagenswerte Federvieh mit seinem Gemaunze im Hausflur fast schon zu Tode erschreckt hat. Faktum, würde dieser seither mindestens neunzig Prozent seiner Lebensqualität einbüßen, während sich die Lebensqualität der klägerischen Nachbarin um genau drastische hundert Prozent senkte. Letztendlich waren der klagefreudigen Nachbarin die drei Miniraubtiere im Haus zuviel, zwei waren ihrer Meinung nach laut irgendeiner undefinierbaren Bestimmung erlaubt – die dritte hatte ihrer Meinung nach für alle Zeiten aus ihrem Blick- und Hörfeld zu verschwinden. Kasimir litt sehr unter diesen Anfeindungen. Wie das so ist, treffen sich die Nachbarn entweder zu einer Tasse Kaffee oder auf ein Bier, um sich über mehr oder weniger große Belanglosigkeiten gemeinsam zu empören. In diesem scheinbar aussichtslosen Fall für Kasimir, verlegten sie ihren Treffpunkt in eine öffentliche Verhandlung eines Gerichtssaales des städtischen Amtsgerichtes.

Auch Kasimirs verantwortlicher Katzenhalter, konnte dem gestrengen Richter 🐾 erfolgreich seine ausführliche Stellungnahme verdeutlichen. Daher durfte Kasimir als dritter Kater im kätzischen Männerhaushalt bleiben. Die Mitbewohner mussten dies laut dem richterlichen Urteil akzeptieren andernfalls selber ausziehen, zwar nicht ins Tierheim, aber eine andere Bleibe gäbe es ganz sicherlich für permanent klagende Eigentümer. Vielleicht ein spezielles Heim für gemeine notorische Katzenankläger. Dann wären sie endlich unter sich und könnten sich von früh bis spät über diese Felltiger auslassen.

Die über den Kater erbosten Nachbarn, mussten nun nach der dritten Instanz widerspruchslos das Urteil 🐾 hinnehmen. Als Kasimir und sein Dosomat heimkamen, der Kater wurde natürlich im Katzenkorb transportiert, bekam er große kugelrunde Augen. Sein Schlafplatz hatte ein nagelneues großes weiches Kissen. Auch Minou und ihre Dosine waren schon da. Kasimir und seine Internetcats mit Minou aus der Dachgeschosswohnung, waren seine Partygäste.
Derweilen saßen die Katzenhalterinnen von Muffi, Kasimir und Minou auf ihrem Balkon und feierten auf ihre Art und Weise mit einem Glas Sekt. Trotz aller Versuchung vermieden sie es tunlichst ihren Gegnern, die den Prozess verloren hatten, zuzuprosten, um nicht gleich einen neuen Streit bei den empfindlichen Gemütern zu verursachen. Sie überlegten bei einem Eiskaffee stattdessen, ob sie ihre Gegner zur Versöhnung einladen würden oder diese bis in alle Ewigkeit ignorieren sollten.

Auf ihrer Gerichtsparty diskutierten die Fellnasen über so einige Prozesse die gnadenlos gegen sie durchgeführt wurden. Aufgeregt biss Kasimir in eine Käsecrackerstange, dann holte er tief Luft, seine Entrüstung sprudelte geradezu aus ihm heraus.
„Einfach unglaublich. Die würde ich mit meinem Allerwertesten nicht mal angucken. Vor allem ihren miesen Anwalt der in jedem Schriftsatz bald zehnmal die Wörter - nicht substantiiert genug - verfasst – so oft, dass man es schon kopieren konnte". Mit Vergnügen blickte Kasimir dabei gebannt auf den Hals, des Anwaltes, wenn er sich wieder einmal in Rage argumentierte, da deutete er meist drohend mit dem Zeigefinger auf ihn und seine starren Augen durchbohrten Kasimir

voller Hass, bis der Mann einen Schluckreiz bekam und jedes Mal verzweifelt nach Luft rang. Leider fiel er nicht tot um, da der Anwalt des Katzenhalters es nicht lassen konnte, ihm hilfreiche Tipps gegen seinen Anfall zu geben. Schade, der Prozess hätte wesentlich schneller zu Ende sein können. Mit Schaudern erinnerte sich der Kater an diese Zeit zurück. „Wehe, noch einer legt sich mit mir an. Ich erzähle es meinem Anwalt und der hilft mir aus der Patsche. Ich sags Euch – Leute bitte seid friedlich", warnte Kasimir.

Ganz vorsichtig riss Kasimir ein Blättchen Minze des Kräutertopfes aus der Küche mit seinen scharfen Zähnchen ab. Nachdenklich tauchte er das Blatt in ein Wasserbad, um sich seinen Minzcocktail fertig zustellen. Dort konnte es liegen bleiben, bis das Wasser nach Minze schmeckte - getunkt aber nicht gerührt.

Sorgfältig hatten die Fellnasen diese Party vorbereitet. Sie nannten sie die Gerichtsjuristenparty 🕷️ . Dazu luden sie alle Fellmonster ein, die in derlei behördliche Angelegenheiten involviert waren, egal ob sie schuldfrei oder mit einer Verurteilung daraus hervorgingen. Es duftete herrlich nach dem frisch eingepflanzten Zitronengras in der Kräuterecke auf der großen Wiese. Mit den Papierfetzen der Anklageschreiben, selbstverständlich in Kopie, machte das Spielen so richtig Spaß. Die Originalschreiben wurden in einem speziellen Ordner einer auserwählten Katzenhalterin sorgfältig in Sicherheitsgewahrsam genommen und ordentlich abgeheftet. Die alkoholfreie Bowle mit Katzenminze und die Leckerlidrops mundeten den Rabaukenkatzen köstlich. Aus dem Fenster ihrer Dosine klang der Song von Queen „We are the champions". Währenddessen übten sich die Samtpfoten in den Ratespielen wie man Gegner strategisch schachmatt setzt und Richter mit rühriger Mimik am besten becirct. Ihr kennt doch das Spiel „armer schwarzer Kater", auch das Spiel „Anwaltsangeln" war sehr lustig. Jedenfalls hatten die streitbaren Feld-Wald- und Wiesentiger sehr viel Spaß an diesem Tag.

🕷️

Story 2: Wohlverdiente Beförderung

Ich, Gipsy der Bürokater, habe rückblickend gesehen, auf den bahnbrechenden Firmenerfolg mit explosivartigem Börsengang nach oben, tatsächlich einen wesentlichen Anteil hierfür geleistet. Dieses berichtete sogar die örtliche Tagespresse. Begeistert über den guten Bericht ihres Unternehmens, las mir die Juniorchefin aus den Zeilen vor. Dass die Menschen jedoch jetzt ohne mich feiern wollen, entrüstet mich aufs unermessliche. „Grrr…“, gleich am nächsten Morgen sage ich diesem knickrigen Buchhalter gehörig Bescheid. Er soll mich gefälligst für meine gewinnbringenden Dienste unter dem Posten als Werbeberater verbuchen. Dazu wünschte ich ein ausreichendes Budget , natürlich nach oben hin offen und für meine Öffentlichkeitsarbeit zur sofortigen freien Verfügung. Zu guter Letzt gebührt mir ebenfalls eine Auszeichnungsurkunde nebst Pressemitteilung in dem Fachmagazin Financial Times.

Also baute ich mich vor unserem vermeintlich hochrangigen Finanzbuchhalter auf und fixierte ihn lange und eindringlich, mit der grimmigsten Miene, die ich als Halbrassekater sehr gut drauf habe, als er am nächsten Morgen seine Rechenmaschine anschmiss. Schließlich kam ihm die zur Hilfe gerufene Juniorchefin herein und schmunzelte, als sie mich in so demonstrativer Positur sah. „Breche jetzt bitte keinen Streik los, wir brauchen dich doch noch“, meinte sie und lachte nur. Dann wies sie den Buchhalter an, mir aus der Schublade ein paar Crunchileckerlis zu geben – und zwar subito! Über mein künftiges finanzielles Budget sollte später ausführlich verhandelt werden. Na so was, dachte ich, wollen die meine Verdienste heimlich unter den Tisch fallen lassen? „Aber ich erinnere euch, ich lege das auf Termin und weise euch schon darauf hin, wenn ihr mich vergesst, notfalls dreimal täglich“! grummelte ich. Einfach unerhört finde ich diesen sträflichen Geiz mir gegenüber. Fürs Erste gab ich mich scheinbar zufrieden und widmete mich zur Entspannung den allseits bekannten Bürospielchen wie Solitär, Büroklammernmikado und Schachmatt dem Chef. Als ich müde wurde, legte ich mich in mein Ablagekörbchen, um ein Büronickerchen zu machen, wie jeder ordentliche Angestellte es zu tun pflegt, dagegen sich nie dabei vom „Big Boss“ erwischen lassen sollte. Zwei Stunden später um die Nachmittagszeit, weckte mich ein bekannt angenehmer Duft von frischem Hühnchen. Ich streckte mich und tippelte dann rasch dem Duft nach in die Betriebsküche. Da warteten schon die Büroangestellten und lächelten mich freundlich an. Einer der Menschen hob mich auf einen kleinen Tisch, auf dem ein Teller mit Geflügelschnitzel platziert stand.

Trotz meines Selbstbewusstseins fühlte ich eine leichte Verlegenheit. Anstelle von mir hielt die Juniorchefin eine flammend feurige Laudatio über meinen außerordentlichen Erfolg. Das ich eher ein fauler Mitarbeiter war, lies sie heute glücklicherweise unter den Tisch fallen. Letztendlich zählen eben doch nur die Resultate. „Nehmen sie sich ein Beispiel an ihm", fügte sie als Schlusssatz an die Belegschaft hinzu.

Ich genoss meine Ehrenfeier mit den mehr oder weniger menschlichen Kollegen. Im Hintergrund dudelte der Song „Working hard for the Money" vom CD-Player. Das hatte schon seine Richtigkeit. Für meine Mäuse arbeitete ich stets konzentriert mit aktiven Pfötchen. Das ich ganz allein gefeiert wurde schien mir nur fair zu sein. So überhörte ich großzügig die Bemerkung eines zu Neid neigenden Kollegen. „Der sitzt ja auch auf dem Schoß der Chefin – und alles was ich tue ist für die Katz!", schimpfte er vor sich hin. Ich nahm mir vor diesem Kollegen künftig meine volle Unterstützung zukommen zu lassen, damit er endlich einmal in seinem Leben wahren Erfolg vorweisen könnte. Denn als schlauer Kater war mir klar, dass Neider selten gut für meine Karriere sind. Als neu gekürter Vorstandskater, hatte ich durch meine erweiterten Weisungsbefugnisse mehr Möglichkeiten als bisher. So beschloss ich mit innigster Überzeugung, meine im naheliegenden Feld gefangenen Mäuse künftig auf den Schreibtisch meiner Neider abzulegen, am besten kurz bevor diese in die Kantine gingen. Gewiss würde sie das besänftigen. Für den Pressefotografen gab ich mir die erdenklichste Mühe wirkungsvoll zu posieren, um bald ganz groß herauszukommen. Schließlich hatte ich lange genug dafür vor dem Spiegel im Empfang geübt.

Story 3: Weihnachtshüttenchristenfeier – Igluparty

Draußen formte meine Dosine aus dem feinen Pulverschnee gerade Schneekatzen und baute mit großer Sorgfalt einen Miniiglu für uns Katzen. Durch die vielen Lichterketten der Menschen schien es uns fast wie eine taghelle Nacht. Eine der bunten Lichterketten aus dem Haus an der zweiten Strasse am Berg, blinkte so aufdringlich wie ein Werbeschild an einer Nachtbar – von wegen Heilige Weihnachten! Die Manager der Stromversorgungswerke werden sich sicherlich bei der Jahresabrechnung darüber freuen und sich erneut ihre bereits hohen Gagen, weiter eifelturmhoch festsetzen. Drinnen in der warmen Stube wurde uns vor dem großen Festbraten, der leider erst Stunden später aufgetischt werden würde, als Vorspeise eine dampfende Hühnerbrühe serviert.

Danach durften wir kälteerprobte Katzenbande in die bezaubernde Schneelandschaft, ❄ um uns bis zur Bescherung mit Spielen und Toben die Zeit ein wenig zu vertreiben. Die Schneeflocken fielen gleichmäßig auf die bereits vorhandene Schneedecke, die geheimnisvoll glitzerte, hinab. Wir konnten den Duft des Schnees sehr gut riechen. So spielten wir das Spiel Schneeflockenfangen, bis wir alle fast ganz weiß wurden. Aziza hatte aufgrund des Frostes einen leichten Eishaarfestiger an ihren Fellspitzen und in ihren wuscheligen Härchen. Teilweise wirkte sie toupiert wie ein Handfeger, der mal schnell mit Haarspray versehen wird. Im Gegensatz zu uns war sie bereits für das große Fest stilecht gestylt, wenn auch eher unfreiwillig. Inzwischen war unsere Dosine mit ihren Iglubauten fertig geworden und pfefferte kleine Schneebälle durch die Gegend, denen wir eifrig hinterher jagten, bis sie – nicht wir, müde wurde. Selbst im Freien hatten die Menschen die Umgebung mit allerlei Krimskrams dekoriert. An den kahlen Ästen von Bäumen und Pfählen hingen vereinzelt Kerneiskugeln für Vögel, die wahrlich nicht hungern sollten. Verlockend leider auch für uns Fellnasen. Blacky konnte es natürlich wieder einmal nicht lassen. Nachdem er erfolglos einer einzelnen Ente hinterher geschlichen war, bis sie ihn bemerkte und dann entrüstet davon flatterte, versuchte er ein an einem hohen Pfahl hängendes Vogelhäuschen zu erklimmen. Augenblicklich stoben die Vögel laut zeternd heraus. Unsere Menschomatin begab sich wieder in ihre Wohnung, jedoch nicht ohne zuvor für uns Katzengang die kleine Klappe zur Scheune nebenan zu öffnen. Das machte mich neugierig.

Während Sharelli uns mit Schwung ihren Eiswalzer ❄ elegant auf den vereisten Pfützen vorführte, tapste ich vorsichtig in die Scheune und staunte Bauklötze! So hatte ich das Scheuneninnere noch nie gesehen. Von der Decke baumelten duftende Heukugeln in unterschiedlichen Längen hinab. In kleinen Nischen lagen mit Stroh gut befüllte Kissen. Die anderen Fellnasen folgten mir und zeigten sich ebenfalls überrascht. Wir spielten ein wenig Verstecken in den lockeren Heuballen, dann ruhten wir uns eine Zeitlang aus und sinnierten über den Grund des Weihnachtsfestes der Menschen. Sharelli bemerkte kichernd, dass nach Weihnachten für die Menschen genau die Zeit anbricht wieder Mäuse und Moneten anzuschaffen, die für den Geschenkerausch verbraucht wurden. Eine andere Art der Fastenzeit.

Da tauchte er wie aus dem Nichts auf, so wie er das jedes Jahr tat, um dann im Frühjahr wieder in ein unbekanntes Gebiet stiften zu gehen. Nein, es war nicht der Weihnachtsmann, auch nicht das Christkind oder sonst irgendwer. Es war unser weltmännischer Weihnachtskater Peter, der uns stets exakt am 24zigsten Dezember besuchte, um uns mit tollen Geschichten zu bescheren. Der Beruf seines Katzenhalters hatte nachweislich auf ihn abgefärbt und der Kater fühlte sich berufen, in die Welt hinauszugehen wo er sich engagiert seinen journalistischen Aufgaben widmete. Dann kehrte er regelmäßig mit einem Bündel von Informationen zu uns zurück. Davon konnte er uns immer spannende Geschichten erzählen, die kaum zu glauben waren und über die in keinem Radio oder Fernsehprogramm berichtet wurde, da sie viel zu „brandheiß" waren, um sie ungefiltert den Menschen vorzusetzen. Die würden sonst glatt ins Koma fallen. Jedes Mal zu dieser Zeit freuten wir uns wie die Schneekönige auf ihn. Er konnte uns die Dinge, die er erlebte, sehr lebendig schildern. Wie gebannt saßen und lagen wir in einem Kreis um ihn herum. Nun fragt Ihr sicherlich, wie konnte der Kater Peter nur wissen, dass er jedes Jahr genau am 24.12. erschien? Hatte ihm irgendjemand das Datum mitgeteilt? Doch trotz bohrender Nachfragen von unserer Seite aus, dies wollte er uns niemals verraten und berief sich dabei konsequent auf sein Journalistengeheimnis. Tja, so bleibt man eben populär. Als er jedoch von den eingesammelten Weihnachtswünschen der Samtpfoten auf der ganzen Welt erzählte, wurde uns klar, dass er gerade deshalb diesen Termin kennen musste. Peter fasste zusammen. Da waren die Straßenkatzen mit ganz bescheidenen

Wünschen nach einem sicheren und liebevollen Zuhause, die einsamen Einzelkatzen wünschten sich mehr Zuwendung, die verwöhnten Samtpfoten hatten ihm gleich die Bestellnummern ihrer Spielzeugmäuse angegeben. Ja so unterschiedlich können Wünsche sein. Einige jüngere Kätzchen kuschelten sich im Iglu aneinander, den die Menschen draußen im Schnee aufgebaut hatten. In ihrem Fell klebte der feine Pulverschnee und lies sie lustig aussehen. Andere spielten erneut Schneeflocken ❄ fangen und waren bald ganz außer Atem. Etwas später wurden ausnahmslos alle Katzen, von unseren Menschen hereingerufen. Ein verlockend köstlicher Duft des himmlisch guten Weihnachtsbratens wehte uns entgegen und weckte sündigste Gelüste in uns. Wir ließen es uns schmecken. Inzwischen näherte sich die Stunde der Wahrheit. Der obligatorischen Frage des Weihnachtsmannes „Wart ihr auch alle brav?", folgte ein langgezogenes zögerliches Ja. Die Wahrheit könnt ihr Euch selber ausmalen. Ich selber wage bei den Menschis hierüber gewisse Zweifel zu hegen. Im Übermaß einer Geschenkorgie, die sich als voluminöser Turm in der Wohnzimmerecke auftürmte und kurz vor dem Zusammensturz war, packten die Menschen ihre vielen Gaben aus. Wir konnten ihre unterschiedlichsten Reaktionen beobachten. Hörten manche Entzückungsschreie oder enttäuschte Seufzer, was wohl bittere Konsequenzen für das bedauernswerte Verkaufspersonal haben würde. Umtauschmarathon machen nur die Menschen, wir sind artig und nerven abgearbeitete Verkäufer nicht. Das herumliegende Papier wie ebenfalls die Geschenkschnüre wurden von uns in dunkle Ecken verschleppt und gnadenlos zerlegt.

In seinem Eifer geriet Piccasolino urplötzlich in eine „brenzlige" Situation. Er hatte seine buschige Schwanzspitze zu sehr in die Flamme einer selbstgezogenen, brennenden Kerze gehalten, deren Docht viel zu lang war, um sich ausgiebig den Schnüren auf dem Gabentisch zu widmen. Dieser Umstand geriet ihm bedauerlicherweise zu seinem üblen Verhängnis. Es qualmte fürchterlich und roch widerlich nach verbrannten Haaren. Mit einem Schreckensgemaunze raste er blindlings durch die Zimmer, um das Feuer loszuwerden, das ihn zu verfolgen schien. Einer der Gäste schmiss sich beherzt mit seiner Jacke auf den geplagten Kater und erstickte die kleinen Flammen. Glücklicherweise war der Kater geradeso mit einem Schrecken und einem Frisurunfall davon gekommen. Das war eine Art der Bescherung, die nicht gerade mit Freude aufgenommen wurde. Sowie das größte

Chaos notdürftig beseitigt wurde, widmete sich das Töchterchen der schwierigen Aufgabe, den verschreckten Kater liebevoll zu trösten. Zur Erleichterung aller Gäste gelang ihr das bestens. Bevor wir unsere Schlafplätze aufsuchten erhielten wir eine wundervolle Pfötchenpflege, genau das richtige in den kalten Wintermonaten. Unsere Menschomatin tränkte dabei einen Pad in lauwarmes Wasser und säuberte unsere Pfötchen, um sie anschließend mit Vaseline einzusalben, damit wir bei dem Winterwetter keine Salzrisse bekommen würden. Unser von der trockenen Kälte ausgelaugtes Fell, wurde mit einem speziellen Öl vorsichtig betupft und ausgiebig gekämmt. Müde und zufrieden mit dem ersten Weihnachtstag träumten wir von den Weihnachtsengeln, die uns auch noch am nächsten Tag großzügig beschenken würden.

Story 4: Lillys Weihnachtsbescherung

Lilly spähte prüfend zur Katzenklappe hinaus. Es war klirrend kalt, zu kalt für sie, um draußen herumzustöbern, und das nun bereits seit einigen Tagen. Während ihre Menschen immer hektischer im Haus herumwirbelten, begann sich Lilly zu langweilen, weil kaum noch einer mit ihr spielte, geschweige denn sich zu ihr gesellte.

Auch mit ihrem strengsten Blick aus dem Fenster änderte sich die wetterliche Situation nicht im geringstem. Schließlich stupste sie ihren Mensch an, der gerade mitten an den Vorbereitungen für das große Weihnachtsfest arbeitete und klagte ihm vorwurfsvoll ihr Leid. Tief betroffen überlegte sich dieser, wie er seiner Samtpfote eine Freude machen könnte. Traurigerweise liefen im Fernsehkasten die alten „Wiederholungsschinken" der letzten Jahrzehnte. Man könnte doch wirklich die Fenster etwas lebendiger gestalten, dachte sich Lilly. So tapste sie in die Küche und suchte unter dem Tisch, sie hatte genau gespickt und einen großen verschlossenen Karton entdeckt. Entschlossen grub sie ihre Krallen hinein, um den Karton zu öffnen. Sie war schon sehr neugierig auf den Inhalt. Das konnte freilich nur für sie allein sein, leider machte Erwin ihr einen Strich durch die Rechnung und räumte den Karton rasch in den Keller. Dass die Menschen immer so geheimnisvoll tun, konnte sie nicht nachvollziehen. Nachdenklich setzte sich Lilly auf das Fensterbrett und beobachtete von dort aus wie Erwin umständlich das Weihnachtsmenü zubereitete. Was könnte nur in dem Paket versteckt sein? rätselte Lilly. Eine Spielzeugmaus, ein Raschelball oder gar ein neues Kuschelkissen?

Lilly hörte wie sich auf einmal die Wohnungseingangstür öffnete und sprang Erwins Freundin Ellen entgegen, die Lilly herzlich begrüßte. Erwin und Ellen lebten seit geraumer Zeit in einer Art wilder Ehe zusammen. Sie lernten sich kennen, als Ellen die damals verschwundene Lilly fand und zu Erwin zurück brachte. Seither mochten sie sich alle drei recht gerne. Bald schon zog Ellen bei Erwin ein. Genau dieser vermeintlich haltlose Zustand, wie Erwins Eltern befanden, sollte nach dem Weihnachtsfest schleunigst ein Ende haben. Was sollten denn nur die

Leute von ihnen denken? Daher luden sie für ihre moralische Verstärkung den Gemeindepfarrer zu der diesjährigen Weihnachtsfeier bei Erwin mit dazu ein. Es sollte die beste und perfekteste Christenfeier werden, die sich Oma Helga vorstellte, alles musste haargenau klappen. Für Ellens Eltern hingegen war dies nicht so von Bedeutung. Sie entzogen sich den standesamtlichen Planungen mit einem mehrwöchigen Urlaub in südlicher Richtung. Kurze Zeit später trudelte dann unter mehr oder weniger überschwänglicher Wiedersehensfreude die fast komplette Sippschaft nach und nach in das geräumige Landhaus von Erwin ein. Sie waren hoffnungslos mit Geschenken beladen die nicht jeder wünschte, wie auch sperrigem Gepäck das kaum unterzubringen war. Die hatten doch hoffentlich nicht vor noch hier einzuziehen? fragte sich Lilly besorgt. Sie fürchtete ernsthaft um ihren weichen Sofastammplatz. Wehe, einer von der Familiensippe würde ihr Lieblingskissen benutzen! Glücklicherweise hatte Erwin die Gästezimmer schon für seine Gäste hergerichtet. Um den Kirchgang konnten sich Erwin und Lilly diesmal nicht drücken. Zur großen Freude für Lilly hatte die Großmutter ihre zwei Kater Flocki und Flauschi mitgebracht. Das heiterte Lilly etwas auf. Sie mochte Katzengesellschaft und sprang freudig auf die Transportkäfige. „Autsch, hüpf nicht so herum!", rief Flauschi. Die Käfigtüren wurden geöffnet und Flocki und Flauschi spazierten hoch erhobenen Hauptes heraus. Der Gänsebraten der leider nicht für die Fellbande vorgesehen war, sollte noch eine Zeitlang im Ofen schmoren. Großvater Heinz fühlte sich müde, insgeheim mochte er Kirchen nicht. Mit finsterer Miene ließ es die Großmutter durchgehen, dass er zuhause blieb, um auf den Braten und insbesondere die verfressenen Katzen achtzugeben. Nachdem er die Speisetafel schön hergerichtet hatte, legte sich Opa zum Ausruhen auf das Sofa. Das Pelzgepluder nutzte die einmalige Gelegenheit für seine ganz eigene Gestaltung der Weihnachtsfeier, die etwas weniger förmlich war wie die geplante Feier der Familie. Niemand konnte die Katzen an ihrer Neugier und Entdeckerlust hindern. Sie hatten ab sofort freie Bahn für ihre Untaten.

Lilly sprang als erste mutig auf den Tisch, schließlich war sie die Herrin in ihrem Zuhause, während Flauschi und Flocki sich am Weihnachtsbaum zu schaffen machten. Wer von ihnen konnte höher als der andere klettern. Huhh.., war das

lustig. Nun, die Gesetze der Physik und der Schwerkraft ließen durch die Toberei-
en der beiden Kater den Baum gefährlich ins Wanken geraten, bis dieser kraftlos
zu Boden stürzte. Erschreckt stoben die Kampfschmuser in die sichere Zimmer-
ecke. Dann tapsten sie vorsichtig zu dem am Boden liegenden Baum und zerrten
wild an den Strohsternen, um sie als Trophäe siegessicher zu entführen und mit
ihren Zähnchen und Krallen restlos zu zerlegen. Lilly war da eher praktischer
Natur. Felsenfest davon überzeugt, dass die duftenden aber schlecht abgedeckten Speisen auf dem Tisch nur für sie dort standen, ließ sie es sich ausgezeichnet
munden. Als erstes probierte sie die feine Soße für den Gänsebraten und schlabberte mit verzückten Augen aus dem Soßenschälchen. Als Flauschi sie dabei beobachtete, wollte er natürlich nicht zu kurz kommen. Die Plastikabdeckung über
der Vorspeisenplatte war schnell geknackt, unter lautem Schmatzen verringerte
sich der köstliche Lachsbestand dramatisch. Flocki konnte beim besten Willen
nicht widerstehen. Trotz seiner guten Manieren näherte er sich einer Schüssel die
leicht süßlich roch. Nach mehreren erschwerten Versuchen an den Inhalt zu
kommen, kippte er sie einfach um. Über das weiße Tischtuch floss eine Apfelsah-
necreme, von der er unbedingt kosten musste. Mit leicht nach oben verdrehten
Augen setzte er sich mitten hinein und tat sich gütlich daran. Da in dem Eifer der
Schlacht am warmen Buffet keine Sittsamkeit herrschte, hinterließen alle drei
Rabauken bunte Pfötchenabdrücke. Bis Opa durch den brenzligen Geruch aus der
Küche aufwachte und sich erschrocken beeilte, die inzwischen völlig verkohlte
Gans aus dem Ofen zu ziehen. Genau in diesem Moment kehrte die Familie von
ihrem Kirchgang, mit dem Pfarrer, der ebenfalls zum Festmahl eingeladen war,
zurück. Entsetzt schauten sie sich dieses unheilige Chaos an, welches die Katzen
angerichtet hatten. Kümmerliche Reste lagen verstreut über der Tischtafel, zer-
rupfte Strohsterne und jede Menge Tannennadeln am Boden wirkten nicht mehr
so festlich wie vorher. Wer nun letztendlich im einzelnem wirklich schuld an der
Verwüstungsorgie des Festes der Barmherzigkeit war, konnte von den Heimkeh-
rern aus der Kirche nicht mehr separat festgestellt werden.
Als Ellen laut fluchte sah sie der Pfarrer mit ernst-milder Miene an. Von dem in
stundenlanger mühevoller Arbeit zubereiteten Menü konnte man den Gästen nun
wirklich nichts mehr vorsetzen. Die kleine Rabaukentruppe hatten unter Missachtung der göttlichen Gebote „du sollst nicht stehlen, du sollst nicht den Besitz des

anderen begehren", ganze Arbeit geleistet. Keine Spur von christlichem Respekt und Ehrfurcht bei dem Heiligen Fest. Lilly konnte sich mit ihrer durch die Völlerei runden Plautze einen lauten Rülpser nicht verkneifen. Es herrschte eisige Stille. In dieser komischen Situation fing Erwin einfach an zu lachen. Dies entschärfte glücklicherweise die angespannte Stimmung. Nach einer kurzen Diskussion fand das Weihnachtsessen dann ganz unkonventionell in einem fast food Restaurant statt.

Story 5: „Single- bzw. Kennenlernparty" im Frühling

Es lag ein Hauch von „Amore" in der Luft. Diese Party war nur für die erwachsenen Samtpfoten ausgerichtet. Die jüngeren Kitten mussten daher aus für sie unerklärlichen Gründen in ihren sicheren Schlafplätzen verweilen, wirklich fies. Für die Prüfung der Volljährigkeit sollten die Gäste durch einen Alterschipscanner marschieren. Dabei wurde der kleine frühreife Casanovi ertappt und ohne Vorbehalte wieder heimgeschickt. Seine mühsam vorgetragenen Argumente nützten ihm kein bisschen. Dabei interessierte ihn gerade das, was er nicht wissen sollte – noch nicht. Püppi fragte ihre Mutti Aziza. „Was macht ihr denn da?". Ihre Mutti sah leicht verlegen aus „Frag nicht, das erzähl ich dir wenn du groß bist", entgegnete sie. „Mami, woher kommen denn die kleinen Kätzchen" quatschte Cariba, der vorwitzigste der Geschwister dazwischen. Statt einer fundierten wissenschaftlichen Antwort erhielt er einen kleinen Nasenstüber dafür. Kurz darauf machte sich Mami Aziza mit erwartungsvoller Spannung auf den Weg. Direkte Einladungen wurden nicht gerade ausgesprochen. Ganz wichtig war natürlich der erste Eindruck. Weswegen sich insbesondere die Damenwelt der Kuschelkatzen mit höchster Sorgfalt putzten, um sich möglichst adrett vor den ihnen anvisierten Katern eindrucksvoll posieren zu können. Je später die Stunden vorrückten, umso mehr fühlten sich die Katzendamen ob der intensiven Gesangseinlagen diverser Kater direkt veranlasst ihnen zu folgen und mit ihnen ungestört zu feiern. Was bei den Menschen größtenteils zivilisierter abläuft, so nach den Mustern gewisser Ablaufrituale wie miteinander Essen gehen, dann die übliche Frage nach der Tasse Kaffee in den Privatgemächern mit offenem Ende, ist es bei uns Samtpfoten ein wenig anders. Meine Dosine hatte mir erst jüngst von einem Amorquarium erzählt. „Was ist denn das? Kann man da Fische angeln?", fragte ich sie mit erstauntem Blick. „Aber nein", entgegnete sie, „man angelt, bzw. man kauft kostspielige Ringe und Schmuck, um seiner Liebsten eine Freude zu machen". So verriet sie mir ausführlich, was für ein wundervolles Geschenk ihre neueste Eroberung ihr nach einem Urlaub mitbrachte, welches er aus diesem Amorquarium für sie erworben hatte. Sie zeigte mir ihren wundervoll glitzernden Diamantring – ganze 24 Karat! Schnell rechnete ich nach. Mir wurde klar, dass dies Hunderte von Mäusen, was sage ich, tausende von Mäusen wert sein müsste.

Hatte Kasimir für mich noch genug Mäuse auf der hohen Kante? Rasch prüfte er seinen Vorrat an bereits mumifizierten Grautierchen, die er unter dem Kühlschrank gebunkert hatte.

Glücklicherweise reichen unseren Katzendamen lediglich ein paar Mäuschen, die wir ihnen vorlegen, um sie für uns einzunehmen. Wir halten es in dieser Hinsicht etwas unkonventioneller. Ganz abgesehen von dem Charme und der Wendigkeit imposanter Kater mit opernreifen Gesängen, um sie auf die Feierlichkeiten einzustimmen. Mit einem Standardtanz, dem Pfötchenklammerblues 💕 leiteten die ältesten Katzenpärchen die Tanzrunde ein. Cinderella tat sich bei den Tanzschritten etwas schwer. Immer wieder trat sie Kasimir auf seine bereits dick gewordenen Pfötchen. Irgendwann wälzten sich beide wohlig über die Pflanzen des Katzengamanders und sogen den Duft gierig ein. Felix zog es vor, lieber ein wenig mit der neuen Wuschelkatze Coco zu schmusen. Er verehrte sie von ganzem Herzen, das genügte ihm. Schließlich war er schon mehrfach Papi geworden und kannte die Verantwortung. Azizas wildem lasziven Blick konnte kein Kater widerstehen. Als die anbrechende Dämmerung für eine optimale Schummerbeleuchtung 💕 sorgte, intensivierten sich die langgezogenen Lockrufe der Kater und das Gekreische der Rivalen und der Katzendamen. Eine atemberaubend betörende Spannung durchzog die Nacht dieser Kennenlernparty. Die Kuschelhormone 💕 flirrten durch die Lüfte. Katzen kamen und gingen gerade so, wie sie ihr persönliches Date arrangierten. Carlos war in der Damenwelt sehr beliebt, er würde wohl wie immer viel zu tun haben. Wer Hunger hatte, fand sich zum Openair Candle-Light-Dinner mit frisch garnierten Mäusen auf zarte Löwenzahnblätter ein. Die Haferflockenknusperherzen waren auch nicht zu verachten und hatten in kürzester Zeit einen enormen Schwund. Das einzige was die in Ekstase geratenen Katzenluder störte, waren die nach Ruhe schreienden Nachbarn, deren Nächte wohl nicht so aufregend schienen wie die unsere. Manch eine Katzendame erwachte in den frühen Morgenstunden mit einem übernächtigten Kater neben sich 💕.

Die Resultate dieses Rendevouz, zeigten sich wenige Wochen später, deutlich sichtbar für jeden der ihnen über den Weg lief. Aziza konnte ein Lied über die vermeintliche Treue des von ihr einst angehimmelten Katers maunzen. Sie ließ sich drei ganze Tage Zeit ihm zu widerstehen, sie war ja schließlich wie man so sagt, kein leichtes Mädchen bzw. Kätzchen, um sich von diesem wunderbar singenden Kater becircen zu lassen. Offenbar schien er eine unwiderstehliche Anziehungskraft ❤ auf sie auszuüben, so sehr dass ihre ehrenhaften Grundsätze durch den Charme des Katers wie Eis in der Sonne dahin schmolzen.

Nach einem ganzen Tag voller blinder Leidenschaft, machte er sich seines Erfolges genauestens bewusst, wieder auf die Wanderschaft zu neuen Eroberungen. Bald würde es vor Kätzchen hier nur so wimmeln. Azizas kleines Bäuchlein wurde seit einiger Zeit immer runder. Irgendwann sah sie aus wie ein Riesenschirmling auf vier Pfötchen. Stolz ging sie damit spazieren. Das hemmungslose Herumgetolle in aller Öffentlichkeit direkt am Hauseingang war einigen Bewohnern des Hauses nicht verborgen geblieben. Aziza hatte ihren einstigen Ruf einer adligen, gesitteten und unnahbaren Katzendame dadurch natürlich restlos ruiniert. Doch was macht man nicht alles für die Liebe? ❤ Schließlich hatte sie diese Party heftig flirtend in allen Zügen genossen.

Story 6: Muttertag beim Wort genommen

Wie es so oft üblich ist, dreht es sich am Muttertag nicht um meine Würdigung als verantwortungsvolle und arg geplagte Mama, sondern immer wieder funken die kleinen Racker dazwischen – echt nervig!

Aufgrund der Geburtsstrapazen fand diese Feier dieses Mal nur im kleinen privaten Kreise, mit meinen Katzengeschwistern und der Dosine Claudia, statt.

Diese Festlichkeit hatte eher eine beschauliche und bewundernde Art und Weise inne und wurde immer wieder von den hungrigen Winzlingen, die es instinktiv an die Milchquelle ihrer frisch gebackenen Katzenmama zog, rücksichtslos unterbrochen. Wie bei den Menschen auch wird an den Muttertagen *Mother* die Mami gern irgendwohin essen geführt, bekommt einstudierte Lobhudeleien ergänzt mit irgendwelchen grässlichen Basteleien, die dann nach geraumer Zeit in den Müll wandern oder in einer alten Kiste auf dem Dachboden verstauben – und das war es dann. Und kommen die süßen kleinen in das anstrengende Teeniealter, ist die Mami meistens sowieso abgeschrieben! Selten dass sie an diesem Tag wie die Herren der Schöpfung einen drauf machen. Nein, selbst an diesem Ehrentag hat sie leider Gottes gefälligst für ihre Familienbande da zu sein, auch um gut gemeinte Aktionen die in einer heillosen Katastrophe enden können, durch ihr rechtzeitiges Eingreifen zu vermeiden. Glaubt bitte nun bloß nicht, dass es uns Katzenmütter in dieser Angelegenheit sehr viel anders geht wie unseren Menschis. Nur die überflüssigen Staubfänger bleiben uns erspart.

An meinem ersten Muttertag *Mother* machte ich als artige Katzenmama die Erfahrung, dass sich kein Kater weit und breit blicken lies. Wenn ihr mich fragt, ja – ich war sehr enttäuscht, kein freundlicher Gruß, kein Umgarnen – nichts! Der kann meinetwegen da bleiben wo der Pfeffer wächst. Ja, ja – erst das Vergnügen und dann die Arbeit. Sie können sich gar nicht vorstellen was fünf kleine Puschelkätzchen einem an Energie und Zeit abverlangen. Aber meine Pflichten nehme ich äußerst vorbildlich wahr. Sehr zur Zufriedenheit meiner Dosine, die schon befürchtete, dass sie sich um meine Kleinen kümmern müsste. Ich ersparte ihr dies. Doch ich kann Euch flüstern, die ist sowieso viel zu unbeholfen, hat keinen blassen Schimmer von Kindererziehung. Nicht einmal eigene Quäkgeister hat sie. Dafür verwöhnte sie mich an diesem speziellen Tag so sehr nach Strich und Faden, dass meine Schwester Cinderella ganz wehmütig wurde. „Du bist doch die

Tante, dir bleibt der Stress erspart", meinte ich aufmunternd zu ihr, als sie traurig seufzte. Genau an diesem Tag, es war genau vier Wochen nach der Geburt meiner Kitten, durfte ich das erste Mal wieder ins Freie gehen. Tat mir das gut! Nach Herzenslust stürmte ich davon und scheuchte im Acker die Feldmäuschen. Als ich zurückkam, staunte ich nicht schlecht -zur Feier des Tages war der Herr Nachbarskater erschienen.

Ich wurde komplett vorsichtig durchgekämmt und erhielt jede Menge Streicheleinheiten. Solange kümmerte sich meine Schwester Cinderella rührend um meine Kleinen Racker. Dann wurde ich, nur ich allein in die Küche getragen. Was erblickten meine geschulten Augen? Lauter ungewöhnliche Leckereien, die ich bis dahin noch nicht kannte. Ich schlabberte genüsslich an einem passierten Ei, labte mich am Fischfilet auf Kräuterreis und hörte liebevolle Koseworte. Das Hühnerklein auf Schmandpaste ist ein Gedicht - das kann ich nur weiterempfehlen! Der krönende Abschluss dieses außerordentlichen 4-Gänge-Menüs bestand aus kleinen Seekrabben, für die ich das Tiefseefischen lernen könnte. Meine Menschi Claudia hatte sich wirklich für mich ins Zeug gelegt, hätte ich ihr nicht zugetraut. Seit dem frühen Morgen stand sie in der Küche. Ich genoss die ungeteilte Aufmerksamkeit meiner Dosine mit ganzem Herzen. Vor allem die zeitweise Ruhe vor meinen Kitten waren Balsam für meine angeschlagenen Nerven und mein strapaziertes Fell. Die Reste meines üppigen Mahls kamen meinen Winzlingen, Cinderella und dem Nachbarskater zu, wobei Cinderella nur wenig davon aß. Ihr müsst wissen, sie will ihre schlanke Linie bewahren, ganz im Gegensatz zu mir. Aber die paar überflüssigen Gramm habe ich ganz schnell wieder weggetobt, wenn meine kleinen Nervensägen selbständiger werden. Ich war ganz gerührt, als mein kleiner Eduardo mir ein Gedicht vormaunzte. Nachdenklich blickte ich auf meine Rasselbande *Mother*. Alle saßen sie artig mit von Cinderella sauber geputzten Öhrchen vor mir. Mit einer Engelsgeduld wies Cinderella, die mustergültige kätzische Patentante, meine Miniwirbelwinde zum anständigen Benehmen an.

Dieser Tag, der im Grunde nur mir gewidmet war *Mother*, verstrich viel zu rasch. Ich maunzte Claudia an, „machst du das bitte öfters oder muss ich jedes Mal schwanger werden?". „Nein, beruhigte mich Claudia, das kannst du gerne öfters haben", denn du wirst nur einmal Kitten bekommen". Kannst ja später kleine

Kätzchen adoptieren. „Auf keinen Fall", kreischte ich dazu nur. Mit reichten meine eigenen fünf Winzlinge.

Story 7: Vatertag

Für mich als bei den Katzendamen gern gesehener Kater im allerbesten Alter, gestaltet sich dieser Tag ein klein wenig anders als bei meinen reizenden Damen. Mit meinen Kumpels mache ich am Vatertag, pardon, ich meine an den Vatertagen so richtig einen drauf. Wie viele Tage das ungefähr sind, weiß ich im Nachhinein auch nicht mehr. Nur werde ich dabei leider nicht so verhätschelt wie die Katzenmamis. Finde ich ernsthaft gemein.

DAD
Dabei gebe ich mir doch ernsthaft Mühe, dass solche niedlichen Katzenkinder erst zustande kommen. Doch was solls, wenigstens bleibt mir das Gepiepe der Winzlinge erspart. „Na Carlos, du alter Casanova, wo geht es denn heute hin?", werde ich oft von meinem Menschomaten, Carsten gefragt. „Das werde ich dir ganz bestimmt nicht verraten", maunzte ich ihm im vorbeistolzieren pikiert zu. „Du wirst es merken, wenn wieder andere Katzenhalter bei dir klingeln, um Alimente für ihre Katzenwinzlinge zu fordern". Ich hatte es eilig, rechtzeitig zu meinem Katerkumpeltreffen zu gelangen. Unter uns können wir uns so rüde und ausgelassen benehmen wie wir nur wollen, ohne gleich anzuecken, wie es einem in einer feinen Damengesellschaft zu schnell passiert. An diesem Vatertag ließen wir mal alle Viere gerade sein und gebärdeten uns bei den Partyexzessen wie die Wilden. Simba, der gerade eine spirituelle Phase durchlebte, versank in andächtiger Meditation. Dabei hatte er nur keine Lust sich sein strahlend weißes Fell bei einer Mäusejagd schmutzig zu machen. Bevor wir losgingen, legte sich Berti mit seinen viel zu großen Öhrchen auf den mit Blättern übersäten Boden und lauschte angestrengt. „Achtung, ich höre die Mäuse", flüsterte er aufgeregt. Dank seines ausgezeichneten Gehörs machten wir gute Beute. Wie es unter uns Katern üblich ist, teilten wir bei einem Lagerfeuer unsere erlegten Mäuse gerecht untereinander auf. Schmatzend und rülpsend ließen wir es uns nach einer anstrengenden Jagd gemeinsam schmecken. Am späten Abend, die Sonne versank zischend im offenen See, lümmelten wir nur noch faul am Seeufer herum und einige von uns angelten halbherzig nach schnell flüchtenden Fischen. „Sag mal Carlo", fragte Berti neugierig, „was ist denn mit deiner neuesten Eroberung!?". „Frag mich bitte nicht danach", brummte Carlos leicht verstimmt. „Deren Katzenhalterin war

bei meinem Carsten und hat Alimente für die kleinen Schreihälse verlangt. Und der sagt doch nun tatsächlich zu mir, dass ab nächster Woche mein liederliches Lotterleben endgültig vorbei ist, wenn wir bei einem Weißkittel waren". „Oh weia, das sind ja besorgniserregende Aussichten", meinte Berti. „Aber mach dir nichts daraus, du bist nicht der einzige Kater dem das passiert. Dann musst du dich wenigstens nicht mehr mit dem neuen Kamikazekater herumprügeln", fügte Berti tröstend hinzu. Zustimmend nahm die Katersippe einen kräftigen Schluck aus einer herankommenden kleinen Seewelle die an das Ufer rollte.

DAD
Zu sehr später Nachtstunde kehrten wir in das angesagte Spielerlokal im verruchten Viertel der Stadt, ein. Timo, der Siamkater spielte mit Rabauki, dem ausgefuchsten Straßenkater um seine letzten Mäusechips. Punki trainierte seine Kegelfähigkeiten, während sich zwei fremde Kater vollständig auf ihr Glück beim Roulettespiel verließen. Unser weltmännisch weitgereister Kater Campi entlockte seinem Saxophon gut hörbare Klänge. Er sammelte eifrig für seine geplante Reise in für ihn noch unbekannte Länder. Zwischendurch orderten wir beim Kellner ein paar frittierte Mäuse, für den kleinen Hunger zwischendurch. Ab und an gaben die erfahrenen Kater Tipps an die jüngeren Vertreter ihrer Art.

DAD
Allein aus Überzeugung der Kumpelsolidarität hielten die gestandenen Kater den Vatertag aufrecht - auch diejenigen die in ihrem ganzen langen Katzenleben niemals Vater werden würden.

DAD

Story 8: Geburtstag

Karlos fünfzehnter Geburtstag sollte diesmal gebührend gefeiert werden. Erstens war es ein runder, fast schon jubiläumsreifer Geburtstag 🎂 und zweitens hatte er sich als ältester Kater in seiner Umgebung eine gewisse Stellung aufgrund seiner Lebenserfahrung und seines Wissens wahrlich mühsam erarbeitet. Die Katzendamen mochten ihn sehr. Er galt als äußerst kommunikativ und freundlich. Gespannt lauschten sie wenn er selbstvergessen in der freien Natur lauthals seine Monologe von sich gab, wo er sich irrtümlicherweise unbeobachtet wähnte. Selbst wenn man davon ausging, dass er in Menschenalter gerechnet genau siebzig Jahre zählte, fühlte er sich dennoch jung und wies jedes Mal entrüstet alle Lästereien diesbezüglich energisch zurück. Schließlich spielte er doch gelegentlich mit der jungen quirligen Sharelli das Fangen spielen. Na gut, so flink wie sie war er natürlich nicht mehr. Er musste schon einmal die eine oder andere Pause einlegen, um annähernd mit ihr mithalten zu können, aber dies band er niemandem auf die Nase. Schließlich waren dies lediglich Pausen, in denen er sich ausschließlich hochgeistigen, philosophischen Gedanken widmete, die ihn als weisen Kater auszeichneten, im Gegensatz zu der jungen Sharelli, die ihm viel zu oft mit kugelrunden Augen „Löcher" in seinen runden Bauch fragte. Aus dem Umstand heraus, dass keiner sein genaues Geburtsdatum 🎂 wusste, hatte man seinen Einzugstag kurzerhand zu seinem Geburtstag erklärt. Wehe man würde dies vergessen. Als er an diesem besagten Tag morgens erwachte, war nichts anders als wie bisher. Etwas pikiert ging er seiner täglichen Beschäftigung nach, die Katzendamen ein Stockwerk tiefer zu besuchen. Dort jedoch waren die Türen noch verschlossen. Mit leicht geduckt schleichendem Gang streifte er durch die Grünanlagen. „Haben die mich doch tatsächlich vergessen", murmelte er traurig vor sich hin. Er bemerkte nicht dass er beobachtet wurde und klagte lauthals den am Himmel schwebenden Wolken sein Leid, die ihn jedoch nicht hören konnten, weil sie viel zu weit von ihm entfernt schwebten. Irgendwann hörte er ein leises Gekicher und blickte sich irritiert um. Wo kam denn nur dieses Geräusch her? fragte er sich. Da erblickte er ganz in der Nähe, etwa zehn Meter weiter, seine Dosine und

seine Wahldosine. Freudig stürmte er ihnen trotz seines erhabenen Alters entge-
gen .

Als er sie erreichte, staunte er nicht schlecht. Auf dem runden Tisch standen
wohlschmeckende Speisen, nur für ihn allein aufgebaut. Nun denn, seinen drei,
pardon vier Damen würde er als charmanter Kater auch etwas zukommen lassen,
jedoch erst wenn er sich restlos seinen Magen vollgestopft hatte. Feinster See-
lachs auf Quarkpaste, dekoriert mit ansehnlichen kleinen roten Lachswürfeln.
Wer kann denn da schon widerstehen? Mit allergrößtem Appetit machte er sich
gierig darüber her. Die zwei Katzenhalterinnen sangen ihm ein kleines Geburts-
tagsständchen vor und lachten. Damit er sich jünger fühlte, wurde die Anzahl der

Kerzen auf den Kuchen bei vier Kerzen belassen. Karlos blinzelte ein wenig
verschämt. Die Aufmerksamkeit tat ihm dennoch sehr wohl. Wenig später fanden
sich die Katzendamen ein, um ihm Gesellschaft zu leisten bzw. eher, um sich die
Reste einzuverleiben. Selbst Tippi war an diesem Tag etwas netter zu ihm und
verzichtete darauf, ihn wie so oft fies anzugiften. Seine Dosine hatte sich für ihn
extra einen Tag freigenommen, um sich hauptsächlich nur um ihn zu kümmern,
was sie für ihren Partner wohl nie und nimmer täte. Aber irgendwie war der auch
nicht so entzückend und ihr schon gar nicht vollständig ergeben. Also wozu sich
die Mühe machen? Sie packte ein kleines Kissen aus, welches herrlich nach Baldri-
an roch. Verzückt wälzte sich Karlos daran und beschnupperte es ausgiebig. Er
liebte diese fast ungeteilte Aufmerksamkeit von der er nie genug bekommen
konnte und lies sich umhegen. Er gehörte zu der Kategorie von Katern, die man
lebenslänglich in einer Kindertragetasche mit sich herumschleppen könnte, so
viel Aufmerksamkeit benötigte er. „Mach das bitte öfters", maunzte er Brigitte
an. Am sehr späten Abend rollte er sich müde und zufrieden auf dem smaragd-
grünen, weichen Samtkissen ein, das er noch zusätzlich als Geschenk erhalten
hatte.

Rezept

Reisringkuchen

Zutaten:
100 g Reis
200 g Thunfisch (ungewürzt)
85 g Maiskörner/ Erbsen
Einige Halme Katzengras

Zubereitung:
Reis leicht kochen und in Butter schwenken. Mit Erbsen oder Maiskörnern aus der Dose vermengen. Thunfisch zum Reis in eigenem Saft unterrühren. Die Menge in eine Form bringen, auf den Teller stürzen und mit Katzengras spicken.
Freundlich servieren.

Story 9: Erfolgsorientierte Partyanlässe - Neues Zuhause

Ich befand mich als kleiner Kater der ich im zarten Jugendalter war, in einem bedenklichen Zustand der drohend über mir schwebenden Obdachlosigkeit. Die Menschen die morgens an mir vorbeigingen, ignorierten mich so gut sie nur konnten. Einigen stand das schlechte Gewissen über ihr mir gegenüber mieses Verhalten direkt ins Gesicht geschrieben. Eine andere Katze verscheuchte mich ständig und die Hunde des Hauses gaben sich erdenkliche Mühe, mich rücksichtslos mit ihrem schrillen Gekläffe für meine geplagten Ohren - in die Flucht zu bellen. Pah, die hatten mich in ihrer selbstgefälligen Art und Weise komplett unterschätzt. Aufgrund meiner existentiellen Not entwickelte ich die Fähigkeiten eines hartnäckigen Versicherungsvertreters, der, wenn er an der Eingangstür abgewimmelt wird, sich einfach heimlich durch das hintere Gartentor ins Haus schleicht, um doch noch zu seinem Abschluss zu kommen. Irgendwann gab ein Mensch den ich in Grund und Boden hypnotisiert hatte, resigniert auf. So zog ich ganz offiziell bei einer Dame ein deren Samtpfote ich überzeugte, dass sie einen Kumpel wie mich brauchte.

War das schwierig, bis ich das exakt unter Dach und Fach gebracht hatte. Dafür habe ich nun endlich einen Grund ausgiebig zu feiern. Nach lang andauernden und zähen Verhandlungen durfte ich bei Doris einziehen. Es ist kaum zu glauben, welche Argumente und Tricks ich anwenden musste, um wirklich alle Hausbewohner deren Meinung von Gewichtung schien, zu überzeugen, dass ich genau hierher gehörte. Schließlich fand ich genau hier meinen Platz und Wirkungskreis, diese Tatsache müsste inzwischen jeder in der Umgebung mitbekommen haben. Um die anderen Mitkatzen der Umgebung milde zu stimmen, schmiss ich eine kleine Party. Dazu bedurfte es als kleine Gabe diverse Geschenke an die einzelnen Mitglieder meiner Artgenossen. So fing ich eifrig Käfer, Spinnen und Mäuse, die ich durch die fremden Katzenklappen der jeweiligen Mitwohnkatzen trug und auf deren Stammplätze drapierte. Dadurch konnte ich sie freundlich stimmen und sie wurden mir gegenüber glücklicherweise etwas zugänglicher. Wir fanden uns eine Woche später am Nachmittag auf der großen Eingangstreppe zu einem informativen Sitting ein. Die Stimmung wurde von Minute zu Minute besser. Da raste Kätzchen Cecilia heran, gerade noch rechtzeitig um von den Resten des Krabbenblätterteiges einige Krümel zu erhaschen. Begeistert machte sie sich darüber her und putzte die Platte blitzeblank. Beinahe hätte sie dies wegen ihres Mittagsschläfchens verpasst. Während sich Peggy-Lie auf dem Erdboden neben den Steinstufen behaglich hin- und her drehte, erzählte Scousia aus seiner Kinderzeit in der er mit einem Kampfhund aufwuchs und den er fest in seinen dicken Pfötchen hatte bis er ihm widerspruchslos ergeben war. Dann war ich mit dem Erzählen meiner Lebensgeschichte an der Reihe. Ich machte es mir auf der Holzbank bequem. Längst hatten wir nachbarschaftliche Distanzen abgelegt und so rückten wir auf den Treppenstufen einander näher. Zum krönenden Abschluss kam einer der Katzenhalter zur Tür heraus und gab uns eine Runde Leckerlis aus. Dieser Tag war der Beginn einer lang andauernden guten Nachbarschaft, für uns charakterlich doch sehr unterschiedliche Fellnasen.

Story 10: Spontanparty -Wenn der Halter aus dem Haus ist, tanzen die Katzen mit den Mäusen auf dem Tisch

„Hallo.., psst.." flüsterte ich Sharelli zu, „gerade ist meine Dosine zur Tür herausgegangen, um an ihrer Arbeit einen riesigen Fisch für mich zu fangen. Nutzen wir die Gunst der Stunde. Die Luft ist rein. Gebe allen Bescheid, auch der alten Mimi von oben. Sonst schmollt die uns wieder tagelang an und faucht beleidigt durch die Landschaft. Jeder kann etwas mitbringen, du eine Spielzeugmaus, Blacky das komisch laufende Marienkäferchen und Fredolino den Plüschball, der so schön klingelt wenn man ihn über den Fußboden kickt. Wir wollen noch etwas warten, bis alle da sind". Ich wusste, wenn meine Dosine so früh aus dem Haus ging wie heute, kam sie definitiv wie immer sehr spät heim. Ich verstehe nicht, dass Menschen Stunden brauchen, wenn sie einmal einen Fisch fangen wollen. Sowie Sharelli von ihrer Einladungstour zurückkam, teilte sie Baghira den Stand der Dinge mit. „Columbi kommt aber später, ihre Dosine ist noch zuhause. Passt bloß auf, dass die nicht wieder unseren Menschen ausplaudert, dass wir uns alle getroffen haben, sonst sperren die uns wieder alle Leckerlies weg, denn die letzten sind mitsamt der Packung spurlos verschwunden".

Etwa zwei Stunden später war es dann soweit. Jede Fellnase, die eintrudelte, hatte irgendetwas anderes Interessantes mitgebracht. So setzten wir uns an den überstürzt verlassenen Frühstückstisch unserer Dosine, der diesmal aus Zeitmangel nicht abgeräumt war, weil sie viel zu spät aufgewacht war. Blacky tauchte seine schwarzen Pfoten abwechselnd in den cremigen Schnittlauchquark, bis sich an den Pfoten weiße Söckchen bildeten. Claudio und Maurice spielten leidenschaftlich eine Art Brennball mit den Radieschen, die sie schwungvoll vom Tellerrand über den Fußboden pfefferten. Mimi tat sich an dem frischen Ziegenkäse gütlich und Baghira und ich hatten uns vorher schon das Beste herausgepickt – die aromatische Geflügelwurst - man kann ja nie wissen, ob einem die anderen etwas übriglassen. Sowie wir alle mit unserem zweiten spontanen Frühstück ein paar Milligramm mehr auf unseren plüschigen Rippen hatten, stoben wir neugierig durch die Räumlichkeiten und veranstalteten jede Menge blanken Unsinn. Mauritzo entdeckte eine kleine Unebenheit auf dem fransigen Läufer im Flur. Eine

Maus vermutend, wühlte er sich energisch unter den Teppich und verkrallte sich darin. Sharelli streckte den Kopf neugierig vor, ruckelte kurz mit ihrem Hinterteil und sprang mit einem wagemutigen Satz auf den unter dem Teppich liegenden Mauritzo.

Unter lautem Gekreische entwickelte sich ein kämpfendes Katzenknäuel das mitsamt dem Teppich durch den Flur rollte. Baghira die fast mit in den Wust von Teppichtorpedos hineingeriet, flüchtete entsetzt ins sichere Wohnzimmer. Sie fürchtete unter anderem auch um ihr hübsch geputztes Fell - schließlich war sie eine kleine Dame. Dies veranlasste den jüngsten Kater sich hoch in die fein ge-webten Gardinen zu retten, die aufgrund seines Temperamentes leicht unregel-mäßige „Haarrisse" bildeten. Felix hatte ein rohes Frühstücksei in das Wohnzim-mer gerollt. Energisch bearbeitete er es mit allen Pfoten und Krallen die er besaß. Nach wenigen Minuten hatte er es geknackt und schlürfte es vom noch sauberen Teppichboden ab. So tobte die Katzencrew bis zum Nachmittag und hinterließ wie bei so manchen Partys eine relativ überschaubare Unordnung.

Azizas Dosine würde hierfür wohl eine Haushaltsstunde extra opfern müs-sen, um wieder alles bis in die letzte Wandecke zu säubern. Ist doch selber schuld wenn sie ihr Frühstück nicht ordentlich forträumt.

Story 11: Frühlingsfest für Samtpfoten

Die wärmenden Sonnenstrahlen des beginnenden Frühjahres, verhalfen den ersten Blumen zum Erblühen. Ein geradezu paradiesischer Zeitpunkt herrschte zu dieser Jahreszeit bereits ab 5:00 Uhr morgens bei einem melodisch--fröhlichen Zwitscherkonzert der vielen Singvögel im Morgennebel, welcher in kleinen Wolken über die Felder schwebte. Erwartungsvoll tapste Sharelli durch die Katzentür auf die Terrassenplattform und blinzelte fröhlich in die beginnende Helligkeit. Bald würden weitere Fellnäschen in den Gärten und auf den Feldern herumstreifen. Nach einem langen strengen Winter sehnten sich die Fellnäschen das angekündigte Frühlingsfest herbei. Die Feldmäuschen wackelten noch verschlafen über die Erde. Der Geruch der blütenbesetzten Bäume zog seine berauschende Duftspur durch das weitläufige Gelände. Die kräftigen Sonnenstrahlen brachten die vielfarbigen Blüten gekonnt zum Leuchten, was so manche von menschlicher Hand gestaltete Dekoration wahrlich blass aussehen ließ. Zum Frühlingsfest das natürlich im Freien stattfand, war eine spannende Schnitzeljagd bzw. ein Geflügelwurstversteckspiel geplant, die unsere Dosine ideenreich vorbereitet hatte. Von drinnen schauten wir zu, wie sie alles für uns vorbereitete. Sie tat dabei sehr geheimnisvoll. Baghira, die von der Fensterbank aus ihr Näschen an die Glasscheibe presste, erstattete uns Bericht was da draußen vor sich ging. Wir wussten alle, dass diese Geheimniskrämerei unseren Menschis nicht allzu viel nützte. Mit Sicherheit würden wir die versteckten Leckerlis in Windeseile finden. „Mach endlich die Tür auf, wir wollen raus!", maunzte Baghira ungeduldig. Energisch trommelte sie mit ihren riesigen Pfoten an die Glastüre, was beinahe ein Fall für die Schadensregulierung der Glasversicherung geben könnte. Wenn man sie so von draußen sah aber nicht hörte, erblickte man nur eine plüschige Katze die aufgeregt hin und her wackelte und dabei immer wieder ihr Mäulchen weit aufriss. Da, endlich wurde die Tür geöffnet. Alle Fellrabauken versuchten gleichzeitig ins Freie zu kommen, so dass sie ihre Dosine fast umrannten. Sharelli, die von den großen Katzen nach hinten gedrängt wurde, wandte ihren neu erlernten Trick an. Sie ruckelte kurz mit ihrem kleinen Hinterteil und setzte zum gigantischen Flug über die beiden großen Grauen Fellnasen an. Als geübte Weitspringerin flog sie über die anderen Katzen hinweg und landete direkt vor ihren Pfoten. Die zwei Grauen starrten sie entrüstet an, ob dieser Wagemutigkeit ihnen gegenüber. Dann raste Aziza in das Blumenbeet und schlang sich im Eifer der Raserei eine Vergißmeinnichtranke um ihre plüschigen Hüften. Die blauen Blüten schmückten ihr silberblaues Fell in ansehnlicher Pracht. Baghira pfotelte ihr nach, gefolgt von Sharelli. Sie bemerkten nicht, dass sie beobachtet wurden. Mit einem lauten Plumps ließ sich Blacky wie so oft vom oberen Balkon fallen. Durch die jahrelange Übung und die niedrige Höhe, landete er geschickt mit seinen Pfoten im weichen Thymianbeet. In ihrer ersten Begeisterung rasten die Fellnasen sich spielerisch jagend durch das große Gelände, so dass man nur noch die Fellflusen fliegen sah. 🐾 Übermütig rollten sie sich auf dem Erdboden von einer Seite zur anderen. Diese Zeit wurde wieder einmal von dem als ewig hungrig bekannten Nachbarskater Karlos ausgenutzt, um sich auf die appetitlich hergerichteten Speiseschälchen zu stürzen. Er litt chronisch unter der völlig unbegründeten Angst irgendwann kläglich zu verhungern, obwohl er mit seinen etwa acht Kilo Fassungsvermögen, fast am Platzen war. Deshalb wurde er manchmal heimlich Tönnchen genannt. Wenn man ihn so rief, blickte er sehr beleidigt. Damit die anderen Fellrabauken nicht das Nachsehen hatten, fühlte die Dosine nochmals die Schälchen nach, sobald sich Karlos mit seinem Kugelbäuchchen verzogen hatte. Aziza, die wildeste der Katzengruppe hatte als erste die Hängeleiter zwischen den Bäumen bemerkt und balancierte vorsichtig darüber bis sie das Podest erreichte, auf dem ihre Lieblingschrunchies lagen. Genüsslich knabberte sie alle Chrunchies auf. Inzwischen traf auch Tippi ein. Erst vor kurzem war sie bei der Dosine von Blacky eingezogen und noch sehr scheu. Was ihrer Verspieltheit jedoch keinen Abbruch tat. Schnell hatte sie die gefüllten Papierkugeln an den Sträuchern 🐾 entdeckt und malträtierte sie solange mit ihren Krallen und Zähnchen bis winzige Käseecken heraus purzelten, über die sie sich erfreut hermachte. Sharelli konzentrierte sich angestrengt auf den Karton der auf der Terrasse stand. Als sie mit ausgestreckten Krallen durch die runden Kartonlöcher griff, machte sie reichlich Beute. Überrascht waren die Katzen über die neuangelegte Holzplatte. Denn sobald sie darüber liefen ertönte ein kleines Klingelgeräusch. Sie hatten sehr viel Spaß miteinander gehabt. Abends rollte sich die Fellnasenclique auf den Gartenbänken zu einem Erholungssitting zusammen.

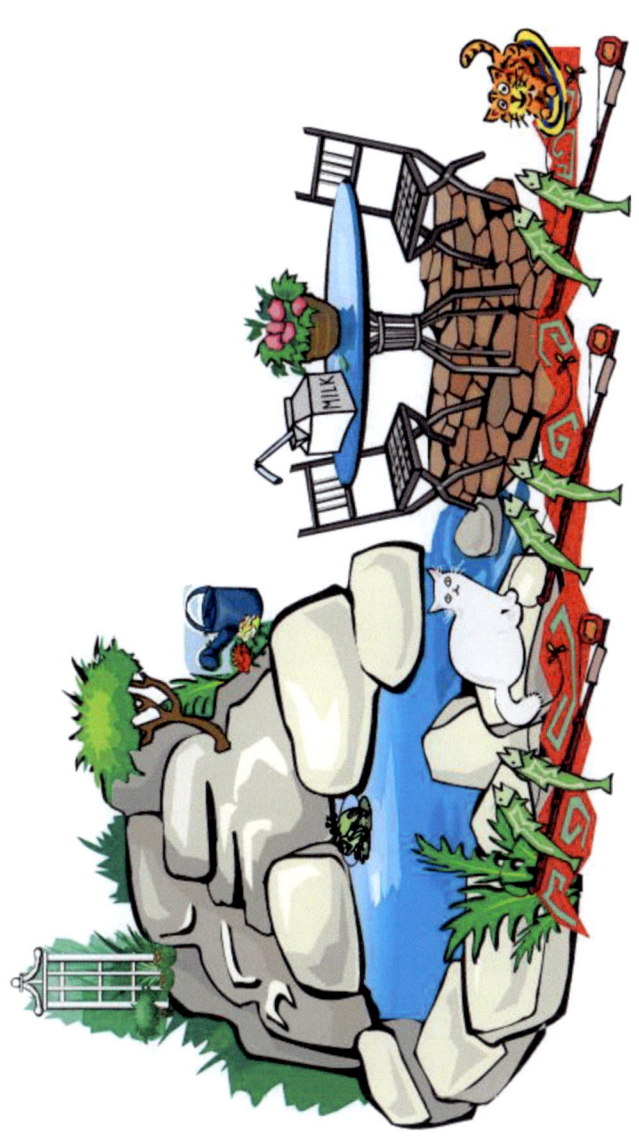

Story 12: Sommeropenairfestival für Samtpfoten

Das Thermometer kündigte rechtzeitig zum lang geplanten Sommerfest bereits in den frühen Morgenstunden ein ideales Wetter dafür an. Wir waren schon schwer am Schuften und Ackern, um für die Ausstattung wie ebenfalls auch für Brot und Spiele zu sorgen. Der Juli ist eine merkwürdige Zeit, in der sich unsere Menschen in Massen in ihren unverdienten Urlaub stürzen. Darüber können wir uns nur wundern. Die einen Menschen genießen die Zeit auf „Balkonia" die anderen sausen in der Zielgeraden mit ihren Vehikeln sehenden Auges auf die „Autobahnia" in stundenlange Staus und verweilen dort ungeduldig bis sie endgültig urlaubsreif sind. Die andere Menschengruppe bringt es beinahe fertig, ihre schönsten Tage auf den Flughafen zu verbringen. Während wir es uns im gemütlichen Zuhause gut gehen lassen, soweit wir wegen des Urlaubes nicht abgeschoben werden.

Freddy ist immer ganz erleichtert, wenn er von seinem überfürsorglichen Frauchen eine Auszeit nehmen und ordentlich auf den Putz hauen kann. Er ist ihr süßer kleiner Kater, immer so artig wie sie gerne allen Leuten erzählt, besonders denen die es gar nicht mehr wissen wollen. Denn der kleine Schwerenöter lässt es bei ausschweifenden Partys gerne so richtig krachen. Den Sommer verbringt er neuerdings mit der Familie Sanders, die sich glücklich wähnen kann, ihr Hab und Gut, mit fünf weiteren aktiven Samtpfoten zu teilen. Der Charmeur Freddy hatte sie alle in ihren unterschiedlichen Persönlichkeiten kennen und lieben gelernt. Seit die neue Familie an der Feldecke links in das alte Haus, das lange leer stand eingezogen war, haben die zur Freude aller Nachbarn samt ihren Kuschelmiezen einen tollen Brauch eingeführt. Immer im Juli richten sie für sich und die Katzen ein fantastisches Sommermärchen aus, in dem kräftig gefeiert wird. Ist ja auch kein Kunststück. Bei dem Garten, in der Größe eines Fußballfeldes, in dem unzählige Obstbäume wachsen und Sträucher wuchern ist das ideal für derlei Anlässe. Besonders der große Tümpel mit dem lauten Gequake seiner kaltgrünen Bewohner hat es uns dabei angetan. Gerade an diesem Tümpel haben wir Wetthüpfen gespielt. Das kam so: rechtzeitig zum Nachmittag erhielten wir Fellnasen unseren gerechten Anteil an kleinen Köstlichkeiten liebevoll in einen für uns erbauten Pavillon serviert. Nur so war es für unsere Untertanen möglich sich ungestört von uns Räubern ihren eigenen kulinarischen Genüssen zu widmen, die sie an einem Lagerfeuer zubereiteten.

Doch diesmal hatten sie die Rechnung ohne Columbi gemacht. Welche Fellnase vergreift sich denn sonst an gegrilltem Mais oder gar heißen Kartoffeln die diebischen Pfötchen? Columbi, der sein stets hungriges Schnäuzchen nie voll genug bekam und seinen Kopf in jede Schüssel hereinhängte, näherte sich der unbefangenen Gästeschar. Anka, ein Hirtenhund der gleichfalls auf der Feier war, schaute ihn warnend an. „Schuuschu, verpetz mich bloß nicht" zischte Columbi dem Hund zu, der dann doch wirklich sein beginnendes Gejaule unterließ. Die Menschen bemerkten davon nichts. Sie erzählten und lachten miteinander. Columbi schmiss sich aufdringlich schnurrend und maunzend an sie heran, um ihre Gunst zu erzwingen. Dabei achtete er darauf sich unauffällig den vollen Schüsseln auf dem Tisch zu nähern. In einem Moment der Unaufmerksamkeit schnellte er vor und vergrub seinen pelzigen großen Kopf in eine Schüssel, womit er erfolgreich eine kleine runde Kartoffel ergaunerte. Vorsichtig nahm er sie zwischen seine spitzen Zähne und raste damit triumphierend zum Pavillon zurück, um diese ungestört zu untersuchen. Diese Wette des Kartoffelklaus mit den anderen hatte er für sich gewonnen. Kasimir war ihm nun eine Maus schuldig. Die Protestrufe seiner Menschen interessierten ihn nicht. Sein Diebstahl hatte nach dem dritten Glas Bier des Hausherrn ohnehin keine drastischen Konsequenzen.

Die bedauernswerte Kartoffel wurde rücksichtslos einer nahrungsmitteltechnischen Prüfung unterzogen bis sie in ihre Einzelteile zerfiel und damit bedauerlicherweise nicht mehr genießbar schien. Bereit für weitere Aktionen schlich sich Columbi zum Tümpel, an dem er die anderen Katzen aufmischte. Dort rasten diese gerade in Gemeinschaftstat einer Libelle hinterher, um endlich herauszufinden, wie sie denn wohl beschaffen sei. Clarissa setzte zum Sprung an, federte ab und flog im hohen Bogen mitten in das Gewässer. Das sicherte der Libelle vorläufig ein längeres Leben. Als Clarissa sich patschnass an das sichere Ufer rettete, wartete bereits Baghira auf sie. Eifrig wie sie in ihrer Mütterlichkeit gab, putzte sie Clarissa von seinem Näschen bis zur Schwanzspitze trocken – so wie es ihr eben möglich war. Widerstand gegen soviel Fürsorglichkeit war vergebens. Wer sich weigerte wurde von Baghira eben konsequent in den Klammergriff genommen. Die meisten Samtpfoten die Baghiras Fürsorgeattacken kannten, ergaben sich einfach – etwas anders blieb ihnen kaum übrig. Am späten Nachmittag begannen die Menschen der Katzen am Lagerfeuer zu singen und zu musizieren. Die Gitarrenspieler kamen dabei öfter aus dem Takt. Sharelli konnte einfach nicht anders als mit ihren spitzen Krallen nach den Händen der Musiker zu schlagen, die sich über die Gitarrenseiten bewegten. Doch glücklicherweise bewiesen die Menschen Humor und ließen die Mäusejäger gewähren. Erst früh am Morgen wurde das Fest beendet. Als die Gastgeberin ungefähr gegen drei Uhr morgens das Feuer losch und in ihr Zelt krabbeln wollte, bemerkte sie mit Erstaunen, dass die Hündin Anka die zu einem Nachbarn gehörte, friedlich bei den Katzen neben der Zeltplane eingeschlafen war.

Story 13: Ernte-gott-sei-dank-feier (thanks giving)

Kaum eine Zeit, außer an Weihnachten oder Hochzeitsfeiern, in der dermaßen üppig diniert wird. Die Tische biegen sich fast unter der Last der vielen mit leckeren Dingen gefüllten Schüsseln und Schalen. Selbst wenn unsere Menschen inzwischen überwiegend in Büros und Fabriken arbeiten, so essen und trinken sie als hätten sie ein halbes Jahr schwerste körperliche Landarbeit hinter sich gebracht. So nach dem Motto: Hauptsache füllig und voll - in die Vollen gehen. 🐾

Es nahte die Zeit der Füllhörner, gefüllten Truthähnen, gefüllten Pasten, Marmeladen bis zum Abwinken, gegrillten Mäusen mit Kleeblättern gefüllt und gerösteten Käfern, die wir uns als besondere Delikatesse einverleiben. Wir schließen dann Wetten ab, welcher Gast welches Essen diesmal mitbringt. Damit ist für uns immer ein Überraschungseffekt für unseren Gourmetgaumen garantiert. Ein wahres Schlaraffenland nach diesem es sich auf jeden Fall empfiehlt eine mehrwöchige Fastenzeit einzurichten. 🐾

Sobald Molly die lang ersehnte Einladung per Mundpropaganda zuging, betrachtete sie sich kritisch im Badezimmerspiegel. Sollte sie vielleicht nicht doch noch schnell zuvor ein paar Gramm abnehmen? fragte sie sich zweifelnd. Nachdenklich sah sie auf ihr Wasserschälchen. Es könnte klappen, wenn sie mindestens fünf Tage nur noch die Hälfte ihres Dosenfutters anrühren würde. Ach ja, und auf die Leckerlis müsste sie dann außerdem noch verzichten – entbehrungsreiche fünf Tage lang! Hoffentlich würde ihre Dosine nicht wieder durchdrehen und sie deshalb gleich zum nächsten Tierdoktor schleppen. Unsere Näschen vibrierten auch diesmal wieder, als wir die betörenden Duftmischungen aus den vielen Tellern, Schüsseln und das Tuppergeschirr wahrnahmen. Florian stürzte vor und setzte sich doch tatsächlich mit seinem Allerwertesten in die Schüssel mit dem sauren Heringssalat. Zu allem entschlossen ergriff der Hausherr Florian am Pelz und setzte ihn energisch schimpfend auf den Boden. Ein kleines Stück des Herings baumelte noch aus Florians Schnäuzchen. Er ergriff schleunigst die Flucht, als Mausi versuchte ihm den Hering am anderen Ende zu entreißen. Doch sie ergatterte nur eine klägliche Flosse auf der sie enttäuscht herumkaute. 🐾

Während das Tischgebet andächtig und viel zu lang gesprochen wurde, blickte die Hausherrin die versammelten Katzen zur Abschreckung grimmig an, um sie in

Schach zu halten. Deren Annäherung an die pralle Tischtafel hatte einen erpresserischen Charakter. Wie dem auch sei, meist ist es der Klügere der nachgibt. Also schritten zwei Gäste der Tischgesellschaft nach dem Gebet beherzt zur Tat und befüllten sorgfältig einige Teller mit Häppchen für die aufdringlichen Samtpfoten und lotsten sie in die naheliegende Heuscheune, in der die Teller als milde Gabe den gierig lechzenden Katzen gereicht wurden. Timo hatte vom Baumstamm aus den Truthahn entdeckt, der vor etwa einer Woche vom Bauernhof entwischt war. Der Truthahn kauerte ängstlich an einem großen Stein, er hoffte inständig von niemand gesehen zu werden. Er hatte Angst um seine Unversehrtheit, denn die Menschen wollten ihn doch tatsächlich in die Pfanne hauen. Timo verzichtete darauf den Hahn zu scheuchen, er war ihm etwas zu suspekt. „Jetzt fangen unsere Menschis auch noch zu singen an", stöhnte Florian, als der Menschenchor so laut ertönte, dass es sich nach lärmenden Sirenen anhörte. „Das ist die Quittung für unser nächtliches Gekreische" entgegnete ihm Molly lakonisch.

Auf einmal kam Sputnik angesaust. Er hatte aus dem Rührkuchen einen Glückszettel stibitzt. „Was ist das denn?", fragten die Samtpfoten. Neugierig scharrten sie sich um Sputnik herum. Mit seinen Pfoten stampfte Sputnik den Zettel glatt. Mausi streckte ihren Kopf vor und las angestrengt „Du wirst eine aufregende Reise machen", entzifferte sie den Text. „Was? Wer von uns soll das tun?", rätselte Timo. „Keine Ahnung, gehen wir lieber zum Kartoffelkegeln, auf dem Tisch oben sind noch kleine Erdäpfel", wich Sputnik aus. Natürlich waren alle Katzenluder mit von der Partie. Wild pfefferten sie die kleineren Kartoffeln durch die Gegend, bis ihre Menschen energisch einschritten und den kläglichen Rest der Kartoffeln einsammelten. „Man spielt nicht mit dem Essen", äffte Sputnik den mahnenden Gästen nach und verdrehte genervt seine Augen. Rasch fanden sie ein anderes Spiel und die Menschen konnten sich dem Tafeln widmen – ungestört von allzu übermütigen Fellrabauken.

Story 14: Einzugsparty

Endlich war der nervenaufreibende Umzug abgeschlossen. Die Möbelpacker und Handwerker hatten ihre Aufträge zur größten Zufriedenheit meiner Dosine erledigt. Die Kartoninhalte ausgeräumt. Es wurde so langsam wohnlich 🗝️. Nun wurde es an der Zeit, dass ich mich der Katzengruppe, die ihr Quartier in der Umgebung hatte, eindrucksvoll vorstellte. Abends beriet ich mich lange mit meiner Dosine, wie wir am besten die Einweihungsfete gestalten wollten. Ich, Luise, bin eine gesellschaftsfreudige adrette Samtpfote die meinesgleichen sucht und findet, egal an welchem Ort auch immer. Ganz vorsichtig versuchte ich bereits im Vorfeld die Eigenheiten und Gewohnheiten der „Miet-Miezen" in der Nachbarschaft zu ergründen, damit ich bloß keine gesellschaftlichen Fehler machte oder mir gar ein unverzeihlicher Fauxpas unterlief. Von vielen Seiten aus erzählte man mir recht redselig allerhand Ereignisse von gewissen Bewohnern. Als neu zugezogene Fellnase 🗝️ war mir sonnenklar, dass mit dem ersten Eindruck über mich, meine Akzeptanz in der neuen Katzengemeinschaft stehen andernfalls ins Bodenlose nichts fallen könnte, so wie die Aktienkurse an der Börse. Daher gab ich mir reichlich Mühe mich adrett zu stylen, jedoch nicht zu hübsch. Ich wollte auf keinen Fall Neid unter anderen Katzendamen erwecken oder gar ein Grund für ein Eifersuchtsdrama liefern. Mit den entsprechenden Einstandsleckerlis wähnte ich mich sicher, den Grundstein für eine gute Nachbarschaft zu legen. Ich orderte sie rechtzeitig mahnend bei meiner Dosine an und bestand auf eine kleine Vorratshaltung für alle Fälle. Eigennützig hielt ich einen kleinen Anteil zurück, den ich nur für mich versteckte. Selbstverständlich berücksichtigte ich den Terminplan der berufstätigen Katzen und schloss mich den Planungen meiner Menschomatin wartend an. An einem Julinachmittag war es dann soweit. Meine Dosine brühte den Kaffee auf und befüllte die hohen Kannen. Aus dem heißen Ofen zog sie einen Kuchen nach dem anderen heraus. Was tut man nicht alles für seine Nachbarn 🗝️, die sich später irgendwann vielleicht doch als undankbar erweisen.

Für uns stellte sie zum Steh- bzw. Sitzempfang einige kleine Milchdöschen zum Fischcanape heraus. Nach und nach trudelten die Nachbarskatzen mit ihren Menschen ein. Einige waren aus unerfindlichen Gründen irgendwie verhindert, weil meist ein Nachbar dabei war, der den anderen spinnefeind erschien. Neugierig wurde ich gemustert. Unser erstes Kennenlernen entsprach dem üblichen Nachbarsritual in dem man noch etwas reserviert oder überfreundlich miteinander umgeht. Vorsichtig sezierten meine Gäste die Fischhäppchen. Viele Fragen wurden mir gestellt. So langsam brach das Eis zwischen uns Fremden. Nach dem Beseitigen der dialektischen Hürden, die oft zu Missverständnissen führen, begannen wir uns besser zu verstehen. Ich kicherte in mich hinein, als meine Menschomatin ratlos blickte als man sie um eine leere Platte bat. Sie dachte wohl, das große Nachbarhamstern würde beginnen, aber die rundliche Dame wollte nur einen kleinen Teller. Tja, in diesem Falle mangelte es ihr an schwäbischen Grundkenntnissen. Hinter vorgehaltenen Pfötchen erfuhr ich den einen und anderen Warnhinweis ⚷ zum Umgang mit anderen Sofatigern und Menschen, die heute nicht erschienen waren. So wie es eben in nachbarplauschiger Runde üblich ist. Die Zeitdauer für meinen ersten Einstand verhielt sich in der ersten Kennenlernphase relativ kurz. Man empfahl sich freundlich und ging seiner Wege bis auf das nächste Beisammensein. Für meine Menschen blieben die ersten Eindrücke und selbstredend der Abwasch zurück.

New House

Story 15: Trauerfeier für einen Freund oder eine Freundin

Vormittags gegen 11:00 Uhr an dem sich das Himmelstor öffnet, sammelten sich die Trauernden, damit die oberste Himmelskatze den verstorbenen Zartpfötlern ehrenvoll Einlass gewähren kann.

Über diese förmliche aber dennoch sehr emotional erfüllte Feier war keiner so richtig glücklich. Warum man dies Feiern nannte, verstand Blacky absolut nicht, ihm war elend zumute. Doch ebenso wie ein beginnendes Leben feierlich begonnen wird, so ist auch ein würdiger Abschied von wesentlicher Bedeutung, um diejenigen zu ehren, mit denen wir einen Teil unserer Lebenszeit verbringen durften, damit sie unbelastet ihr irdisches Dasein ablegen können. Peggys engste Freunde erschienen, sie wollten sich gebührend von ihr verabschieden. Sogar Blacky, ihr letzter Katerfreund stellte sich traurigen Blickes mit zu ihrer Dosine und der Catsitterin. So eine ernste und feierliche Zeremonie hatte Blacky noch niemals erlebt. Dabei hatte er in seinem Leben schon einige Katzen seiner Umgebung für immer gehen sehen.

Peggy deren liebevolle Seele es sich auf einer weißlichen Wolke bequem gemacht hatte, blickte sinnig auf die kleine Trauergesellschaft hinunter. Komplette neunzehn Jahre hatte sie ihr Leben auf der Erdkugel verbracht und so einiges erlebt. Ganz gerührt lauschte sie den Worten ihrer ehemaligen Menschen. Ihr Körper lag in der Erde auf einer schönen Decke, geschmückt mit Blumen. Sogar zwei kleine Briefchen wurden in ihr Grab gelegt. Liebevolle Worte auf Papier sollten sie in ihrem neuen Leben im Wolkental begleiten. „Sei nicht traurig Blacky", flüsterte sie ihm von der Wolke aus zu, „lange wirst du nicht allein sein. Ich habe in meinem Testament eine schöne Überraschung für dich". Blacky sah sich irritiert um. Nachdenklich in Gedenkstimmung saßen alle Gäste zusammen. Peggys Lieblingsmusik, es war die kleine Nachtmusik, lief dezent im Hintergrund von einem tragbaren CD-Recorder mit. Hunger hatte heute keiner und erst recht keinen

Appetit. Sogar Blacky hielt diesmal sich zurück. Sowie die Abschiedszeremonie endete, war es einige Wochen sehr ruhig. Blacky fühlte sich als Alleinkater in einem großen Gelände sehr einsam. Sein Ziehvater lebte inzwischen an einem anderen Ort, Peggy-Lie war verstorben und weit und breit zeigte sich kein einziges Katzentier. Immer wieder verweilte er an den Plätzen von Peggy. Als er an einem grautriefigen Tag im Dezember, auf dem Sofa im Wohnzimmer seines ehemaligen Zuhauses Trübsal blies, klingelte es an der Tür. Er ahnte nicht, dass in diesem Augenblick Peggy ihr Versprechen einlöste, das Testament von ihr wurde eröffnet. Nur war er zunächst wenig begeistert für das was da auf ihn zukam. Da wurden doch tatsächlich zwei kleine graue Wuschels hereingebracht, die einer Katze ziemlich ähnlich waren. Diese kleinen Wesen sahen ihn mit argloser Neugier an. Blackys Hals wurde immer länger, sein Blick immer entrüsteter, als die beiden merkwürdigen Wesen durch das Wohnzimmer rasten. Angewidert blickte er diese merkwürdigen Wesen an, dass sie doch bitte schön das Weite suchen sollten. Hilfesuchend schaute er zu der Dosomatin auf. Doch die war für ihn keine Hilfe bei der Vertreibung dieser quirligen Biester. „Crrrrchhh", fauchte er das vorwitzigste grimmig an, in der Hoffnung es würde sich daraufhin augenblicklich in Luft auflösen. Doch dem kleinen Wirbelwind kam der zweite graue Wischmopp zur Hilfe. Das war Blacky nun doch endgültig zuviel. Ärgerlich brummend machte er sich durch die Katzenklappe aus dem Staub, um sich ausführlich bei seiner Dosine Britta zu beklagen, wie ungerecht das Leben ist. Doch das ist eine ganz andere Geschichte.

Story 16: Silvesterfeier - Katzenball

Diesmal wurde Silvester ganz nach dem Geschmack von Miezi gefeiert. Ihre Dosine lies die Feier ruhig angehen. Eher etwas spartanisch mit einem Glas Sekt für sich selbst und einem kleinen Gläschen mit Katzenminzgeschmack für Miezi. Gemeinsam mit ihrer Dosine hatten sie gemeinsam überlegt und beraten, wie sie denn das Fest ausrichten könnten, welche Rituale sie machen wollten, damit das kommende Jahr erfolgreich werden würde. Alle waren bestens vorbereitet. Da bemerkte Miezi nach einem fürchterlichen Knall *HAPPY NEW YEAR* einen Schatten vorbeihuschen. Sie presste ihr Näschen fest an die Terrassentür und sah den verstörten Findus im Zickzack die Strasse panisch hochsausen.

Die Lichtblitze der ungehörigen Pyrofeier versetzten den verängstigten Kater so sehr in heilloses Entsetzen, dass er nicht mehr in einer geraden Linie rennen konnte, da er glaubte die Blitze und Sternefunken seien hinter ihm her, um ihn zu töten.

„Tu was!", maunzte Miezi ihre Menschomatin entsetzt an und trommelte aufgeregt mit ihren breiten Pfoten an der Scheibe. Schließlich mochte sie den jungen Findus inzwischen schon sehr gerne. Ihre Dosine packte die entrüstet protestierende Mieze ins Badezimmer und verschloss die Tür zu ihrer Sicherheit, dass diese in ihrem Helferseifer nicht noch durch die Terrassentür entwischen könnte. Dann trat die Dosomatin vor die Tür und rief den verschreckten Kater bei seinem Namen. Der Himmel roch vor lauter Feuerwerk und Silvesterkracher *HAPPY NEW YEAR* inzwischen unangenehm brenzlig. Der Katzer stoppte und rannte dann erleichtert ohne zu zögern in die fremde, warme Wohnung. Nun durfte auch Miezi wieder aus dem Badezimmer. Sie beschnupperte Findus und putzte ihm dann die Schneeflocken aus seinem Fell. Als sie sich mehrmals versichert hatte, dass bei ihm alles in Ordnung war, beruhigte sie sich rasch wieder.

Bleib bei uns, maunzte Miezi dem Findus zu. Hier bist du in Sicherheit. Das fürchterliche Geknalle fabrizieren die Menschen nur, weil sie sich einbilden, damit das neue Jahr zu begrüßen und das alte Jahr zu vertreiben, doch das Jahr ist genauso stocktaub wie diese Menschen. Ich verstehe dabei wirklich nicht, weshalb die Menschen bei diesem Prozedere stets der Vergangenheit nachtrauern, wenn sie das alte Jahr doch verscheuchen wollen. Echt eine komische Gattung diese Homo sapiens. Melanie holte inzwischen einige bunte Zettel aus der Schublade und schrieb irgendetwas darauf. Miezi stupste sie mit ihrem Schnäuzchen fragend an. Sie wollte ebenfalls einen Zettel für sich beschreiben lassen mit all ihren Wünschen, die ihr einfielen. So erhoffte sie sich für das kommende Jahr jede Menge Mäuse und dass sich Melanie gefälligst mehr Zeit für sie nehmen sollte. „Schreib", blaffte sie fordernd „aber bitte ordentlich, damit man es auch lesen kann". „Und du Findus, welche Wünsche darf ich für dich notieren?", fragte Melanie den verschüchterten Kater lächelnd. Er hüpfte in das oberste Körbchen auf den Kratzbaum und überlegte lange. Man sah von unten nur noch seine zwei weißen Öhrchen herausragen. Mit trauriger Mine miaute er zaghaft zu ihr herunter. „Ich wünsche mir ein sicheres Zuhause mit Menschis die mich wirklich lieb haben. Und dass mich der grimme Nachbarskater nicht mehr fortjagt", fügte er leise hinzu. Erschüttert wegen seinen bescheidenen Wünschen tröstete Miezi ihn, indem sie seine Öhrchen erneut liebevoll zu putzen begann. Schließlich muss man für so einen Jahresübergang selbst hinter den Ohren sauber sein. Er begann freudig zu schnurren. Etwas später durfte er sich an der Tafel, die in der Wohnzimmerecke für die Kampfschmuser aufgebaut war mitbedienen. Er war niemals wählerisch gewesen, da er froh war überhaupt etwas zu essen zu bekommen. So genoss er das erste Silvesterfest für sich mit einem besonderen Essen und noch mehr Wärme und Freundlichkeit, als er es bisher kannte. Die Ruhe und Harmonie an diesem Platz taten ihm gegenüber seinem eher hektischen Zuhause sehr gut. Es war erholsam für seine arg strapazierte empfindsame Seele. Von ganzem Herzen wünschte er sich, dass sein Wunsch in Erfüllung gehen würde im nächsten Jahr. Die Wunschzettel wurden an einem Luftballon hängend durch die weite Welt geschickt in der Hoffnung dass sie einer finden würde der sie erfüllte.

Im Hintergrund vernahm er leise melodische Klänge von einer Musikcassette. Zufrieden schnurrend blinzelte er zu Miezi herüber.

Story 17: Tierheimparty

Alle Katzen atmeten erleichtert auf, als der letzte Gast mit seinem Hund das Tierheim verließ. Endlich war dieser Tag der offenen Tür, Jubiläum oder wie auch immer die Menschen es bezeichneten, vorbei. Unsere Feierstunden standen an. Sicher es hatte einen guten Zweck, wovon wir gewiss etwas abbekommen würden, das stand mit Sicherheit fest. Schon allein als Schmerzensgeld für den Krach, den wir ertrugen. Wie entsetzlich sich das heute gestaltet hatte, die vielen Menschenfüße, die nach uns lauernden Hunde auf dem Fest, dazu noch der ohrenbetäubende Lärm der Musikband. Das ging uns ganz schön auf die Nerven und unsere malträtierten Ohren klingelten. So einen unsinnigen Krach können eben nur die hörgeschädigten Menschen ertragen. Und was die Musikband betrifft, na ja, wir hören lieber das durch den frühen Morgen hallende Vogelgezwitscher mit den himmlischen Obertönen.

```
                                                    ^ ..... ^
Aber dann der verlockende Duft von gebrutzeltem Fleisch, hmm...  ( o  o )
                                                    \  >u<  /
```

Sowie es am frühen Abend himmlisch still wurde und wir allein waren, trommelten wir alle Freilaufkatzen zusammen die sich in den allerletzten Winkeln versteckt hatten, denn jetzt begann unsere Party.

Fredolino hatte sich mit Berti und Rabauka zusammen getan. Gemeinsam bearbeiteten sie mit größter Mühe die noch dampfenden großen Aluminiumbehälter. Da schepperte es. Rabauka hatte mit einem gewaltigen Sprung auf den Deckel eines der Behälter diesen zum rutschen gebracht, so das der Aufsatz laut krachend auf den Steinboden fiel. Berti begutachtete den Topfinhalt aufmerksam schnuppernd, so wie die Menschen ihre Weinprobe durchführen. Dann streckte er sein pelziges Pfötchen nach einem Gulaschstück aus und angelte es geschickt aus dem Topf. „Nicht schlecht, jedoch ein klein wenig überwürzt", bemerkte er schmatzend, denn er verfügte dank jahrelanger Übung über perfekte Geschmacksnerven. Dennoch gab er fachmännisch seine Empfehlung zum Teller fassen. Luzio überrannte in seiner Gier die vor ihm liegende Turbolini, die sich wie immer artig vor dem Essen die Pfötchen putzte. Fast schon ein Fall für den Tierschutz uns solange auf die Essensreste warten zu lassen, mit denen wir felsenfest rechneten. Denn zum großen Bedauern von uns erhielten wir nur wieder das übliche Dosenfutter von der ehrenamtlichten Tierheimhelferin wie jeden Tag. „Unerhört dass unsere Betreuer das Essen allein nur für sich und diese Besucher bunkern", schimpfte Fredolino, als er einen abgedeckten Bräter mit Fisch entdeckte. Er fasste einen löblichen Plan. Dazu trommelte er alle seine Freunde zusammen. Gemeinsam sortierten sie prüfend die Essenreste der Menschen. Nach kurzer Debatte trugen sie die ausgesuchten Fleischbrocken mit ihren Zähnen zu dem Gitter der Käfigkatzen denen der Freilauf nicht möglich war. „Auch ihr sollt etwas abhaben, feiert ihr mit euch – wir feiern mit unserer Gruppe bei dem Kastenbaum", verlautete Fredolino . Es war ihnen eine schwere Versuchung nicht selbst hineinzubeißen. Doch ihren gerechten Anteil würden sie nach getaner Aufgabe ebenfalls erhalten.

Um die Dekoration müssten wir uns nicht kümmern. Unsere Tierheimleitung hatte dafür gesorgt, dass an diesem Tag der offenen Tür wieder einmal jede Menge Luftballons und sonstiger Plunder an den Bäumen hingen, die auf einer Leine befestigt waren, die sich von Baum zu Baum spannten. Auf den Tischen standen oder lagen selbstgebastelte Tierfigürchen einsam und verlassen herum. Morgen kommt ganz sicher der Putztrupp und fegt hier durch wie ein Wirbelwind. Schusselchen, der noch kleine halbstarke Kater, versuchte auf einer Leine zu balancieren und langte mit den ausgestreckten Krallen nach einem prallen Luftballon der durch den sanften Wind leicht hin und her pendelte. Das reizte seinen ausgeprägten Spieltrieb. Irgendwann platzte der Ballon mit einem lauten Knall. Schusselchen fiel vor lauter Schreck fast vom Baum. Inzwischen hatten sich weitere Tierheimkatzen über die letzten Frikadellen aus dem anderen Topf hergemacht. Mit äußerster Kraftanstrengung entführte Maurizio der Einohrkater das viel zu große Fleischküchlein. Larissa verfolgte ihn schleichend und entriss ihm gierig ein kleines Stück davon, was dann in kleinen Teilen im Gras zerbröselte, da es durch die Hobbyköche gnadenlos durchgekocht war. Maurizio flüchtete mit dem restlichen Fleischteil an einen für ihn sicheren Platz, an dem er die kläglichen

Reste genüsslich vertilgte. Nach dem heimlichen Essensgelage, das genauso ungesittet wie die Rittermahle der Menschen ablief, wurden die hungrigen Haustiger etwas ruhiger. Satt und zufrieden begannen sie sich ausgiebig zu putzen. Um die Essenskrümel im Gras würden sich sicherlich die fleißigen Ameisen kümmern. Der letzte Funken im abgesicherten Freiluftgrill glühte langsam aus. Da lagen wir Katzen zusammen und tauschten unsere Erfahrungen über unsere ehemaligen Halter aus, welche dabei nicht gerade sonderlich gut dabei wegkamen.

Story 18: Tausend und eine Katze - Zu Ehren der ägyptischen Katzengöttin mindestens ein mal im Jahr

Zur Eklärung von Bastet:

Die Katzengöttin des alten Ägyptens

Autoren: Janina Findeis, Frank Huber

Seit ungefähr 3050 v. Chr. verehrt man sie in Ägypten. Bastet, die Gemahlin des Sonnengottes Re, Mutter des Löwengottes Mahes und in gesonderten Überlieferungen auch Mutter von Nefertem und Anubis, wird als die Göttin der Liebe, der Zeugungskraft, der Stärke und des Guten bezeichnet. Ihre Aufgabe als Mondkatze war unter anderem bei Nacht die Sonne zu bewachen und die Schlange der Finsternis, die Todfeindin der Sonne zu bekämpfen. Am Anfang wurde sie oft mit einem Löwenkopf dargestellt und mit der Göttin Sachmet gleich gestellt. Sachmet jedoch kann man als schlechtes ‚Sein' von Bastet beschreiben. Sie ist blutrünstig und stellt die zerstörerische Kraft der Sonne dar, während man Bastet als die wohltuende Kraft der Sonne ansieht. Doch erst im Mittleren Reich Ägyptens wurde die Katze zum heiligen Tier der Bastet erklärt und später wurde sie nicht mehr mit einem Löwenkopf, sondern mit einem Katzenkopf dargestellt. Bastet bekam weichere und freundlichere Gesichtszüge, Frauen führten Musik und Tanz auf, es wurden Schiffsprozessionen und orgiastische Zeremonien abgehalten.

Bastet wird als Frau mit Tierkopf oder aber als ganzes Tier dargestellt. Bei der katzenköpfigen Darstellung hält sie meistens das Sistrum, ein kultisches Instrument, das die Finsternis vertreiben soll und eine Verbindung mit den Göttern Isis und Hathor bezeugt, eine Schachtel, Ketten, ein junges Kätzchen als Zeichen der Muttergöttin oder ein Papyrusstab als Zepter, das Symbol für ‚Gedeihen' und Wappenpflanze Unterägyptens in dem Bubastis lag. In Bubastis, der Hauptkulturstadt Bastets, befand sich auch ein riesiger Katzenfriedhof, wo die meisten Katzen bestatten wurden.

Quelle: http://www.big-cats.de/bastet.htm

So wie Ihr Menschen Gott, Allah oder sonstige Götter huldigt und feiert, so glauben wir beim Barte des Propheten mit aller Überzeugung an die ägyptische Katzengöttin Bastet. Aus diesem Grund ist es für jede gläubige Katze ein absolutes Muss, ihr zu Ehren und um sie entsprechend zu huldigen, einmal im Jahr zum Weltkatzentag eine ausgiebige Feier auszurichten. Für gläubige Katzen gelten bestimmte Regeln. So muss jede Samtpfote mindestens einmal in ihrem Leben an solch einer Feier teilnehmen. Weiterhin gilt es seinem Menschen dreimal täglich klarzumachen, dass er ohne sie nicht bestehen kann, quasi die dreimalige Anbetung. Die dritte Regel besagt, dass sich gut betuchte Samtpfoten den armen Straßenkatzen gegenüber großzügig verhalten sollen. Deshalb bunkern manche von ihnen ihre Essensreste an den unmöglichsten Stellen.

Für die jährliche Feier legte Cassandra ihre VIC-Einladung (Very important Cat) dem Partypersonal vor. Mit wässrigem Mäulchen starrte Cassandra die Köstlichkeiten in der Eingangshalle des Katzentempels an. Sie bemerkte gar nicht, wie sie ihr Köpfchen automatisch immer mehr vorstreckte. „Haltung bewahren, gleich geht's los", unsanft wurde sie von der gestrengen Stella in die Seite gestupst. „Fall jetzt bloß nicht in die Speiseschalen", ermahnte Stella sie. Denn ihr waren Rituale sehr wichtig. Sie befürchtete, dass Cassandra mit einem Platscher in die Zimtcremeschale ihr schön geputztes Fell verkleckern würde. Gebannt lauschten die Fellnasen der feierlichen Rede, die zu Ehren der Katzengöttin diesmal von Tippi gehalten wurde. Miezi fühlte sich berufen, peinlich genau auf die Tischmanieren der anderen zu achten. Gewissenhaft hatte sie den internationalen Katzenknigge Wort für Wort gelesen und sich jeden Buchstaben verinnerlicht, schließlich strebte sie eine hochrangige Stellung als Anstandsdame an.

Ihr müsst wissen, dass Feierlichkeiten im Orient besonders prachtvoll ausgerichtet werden. Die vielen Lichter in den filigran gestalteten Lampen aus Metall und Ton bilden wundervolle Muster die sich auf die belichteten Flächen ausbreiten. Wohlriechende Düfte von Myrrhe, Rosenholz und anderen Dufthölzern liegen fast sichtbar in der Luft. Vermischt mit dem Geruch schmackhaft zubereiteter Köstlichkeiten, bilden diese eine Symbiose für feine Nasen und erzeugen damit einen unbändigen Appetit für den, der diesen Speisen nur schwerlich widerstehen kann. Wobei wir die Farbenpracht der kunstvollen Dekoration und des Blumenarrangements noch gar nicht erwähnt haben. So in etwa erwarten wir die Gestaltung unseres Katzenehrenfestes im Gegensatz zu den eher spartanischen Feiern im kühleren Europa. Zumindest was die Art zu feiern betrifft. Im Allgemeinen kann dies auch mehrere Tage andauern. Ich kann euch nur aus eigener Erfahrung darüber berichten. Sowie meine Dosine zum ersten Mal aus einem Orienturlaub zurückkam, war bei ihr der Groschen gefallen. So eine fantastische Feier  müsst ihr zumindest einmal in eurem kurzen Leben wahrnehmen. Danach weiß man was richtig und stilvoll feiern bedeutet. Genau in der Art und Weise richteten wir unsere letztjährige Ehrenfeier aus. Daher hatten wir per Maunzbotschaft von Haus zu Haus, wir haben leider keine Handys wie die Menschen, unsere Katzenhalter mehr oder weniger nachdrücklich informiert welche Vorbereitungen sie zu treffen hatten Die Einkaufslisten wurden lang und länger. Häuser-, Wohnblock-, Städte- und Länderweit ging die Information an alle Katzenhalter dieses blauen Planeten. Keiner sollte sich dem entziehen können. Gespannt und aufgeregt fieberten wir diesem bedeutsamen Fest entgegen. Es ist das größte und beste Fest an dem wir Samtpfoten je teilnehmen können. Also liebe Menschen schmückt Eure Wohnungen, Balkone, Terrassen und Gärten so schön Ihr nur könnt. Selbst wenn Euch euere Nachbarn verständnislos angucken und für komplett verrückt erklären, wenn Ihr ihnen den Grund für diese Feier nennt. Ich kann Euch nur mit allergrößter Begeisterung vorschwärmen von dem Fest, das meine Dosomatin letztes Jahr für mich und meine Freunde ausrichtete.

Story 19: Osterkatzenfest

Für die meisten Menschen im Abendland ist das ein christliches Fest, doch für uns ist es eine Feier der Wiederauferstehung von den Geistern der verstorbenen Katzenseelen. Vielleicht entstehen gerade deshalb in diesen Tagen so viele Kätzchen.

In jedem kleinen Örtchen sind bereits Wochen vor diesem Osterfest die Brunnen mit Blumen und Eierkränzen dekorativ gestaltet, damit man es ja nicht vergisst dieses Fest zu begehen.

Nachdem mein Mensch mir von zwei Begebenheiten der Osterfestlichkeiten aus anderen Ländern erzählt hatte, war mir schnell klar, dass die bisherigen Osterfeste einer dringenden Umorganisation bedürfen, weil sie viel zu fad abliefen. Aufgeregt tippelte Findus hin und her. Zum ersten Mal in seinem Leben durfte er dabei sein. Er konnte es kaum erwarten. „Bestell bitte einen Cateringservice und Animationsleute", empfahl ich meiner Dosine. Sie hätte sich in der Vergangenheit wohl ein wenig mehr einfallen lassen können, um aus diesen Tagen der christlichen Feier, etwas Besonderes daraus zu machen. Sicher, wie immer spielt das Essen bei uns wie bei den Menschen eine große Rolle anstelle wie der Grund und die Bedeutung des eigentlichen Feiertages. Und so unterstützen die Menschen wie jedes Jahr die Manager der großen Einkaufsmärkte, indem sie ihre Metallrollwägen mit Artikeln befüllen, als gäbe es kein Morgen mehr. Seit diesem Jahr ist uns klar geworden, dass die Menschen genauso auch Kraftstoff für ihre Vehikel wegen den Familienfahrten horten müssen, damit sie keine künstlich aufgebauschten Benzinpreise wie z.B. 9,99 EUR für 1 Liter Superbenzin bezahlen müssen. Wir legen euch ans Herz, dieses Geld lieber für uns Fellnasen anzulegen, als für irgendwelche Phantasiepreise von Konzernen die euch Menschen erziehen wollen. Doch nun zurück zu unseren Festevorbereitungen. Angeregt von den Osterritualen in anderen Ländern, durften wir uns diesmal an besonderen Ereignissen erfreuen. Melanie befüllte aufdrehbare, leere Plastikeier mit kleinen Brekkies und versteckte einige dieser länglichen Kugeln in der weiten Landschaft für uns. Damit wir den Geruch aufnehmen konnten, um die Suche zu starten, bohrte sie kleine Löcher in das Plastik. Für die Spielerei befestigte sie bunte Stoffbänder in den Ästen der Sträucher.

Findus entdeckte als erster ein Plastikei. Mit gebanntem Eifer rollte er es über den Boden, doch in seiner Ungeduld bekam er es mit seinen tapsigen Pfoten nicht auf. Aziza die seine ungeschickten Versuche mit grimmiger Mine beobachtete, konnte das nicht mehr ertragen und raste bedrohlich auf ihn zu. Sie versetzte dem Ei einen kräftigen Pfotenhieb so dass es auf den Steintreppen landete und dort hinunterkugelte bis es schließlich aufbrach. Die Brekkies flogen heraus, direkt vor ihre Pfötchen. Bis Findus, der kleine Tollpatsch auch nur eines davon erhaschte hatte sie in Windeseile alle weggeputzt. Findus trollte sich enttäuscht davon. Wir anderen machten uns angespornt auf eine weitere Suche der Plastikeier. Die Stoffbändchen flatterten fröhlich im leichten Windhauch. In der Zeit in der wir uns von dem Suchen und Toben im Garten ausruhten erzählte Melanie uns von den Osterprozessionen in den südlichen Ländern, in denen die Menschen handgefertigte Christusfiguren in einem Ostermarsch zur Kirche tragen. Von bunt gefärbten Broten in allen möglichen Formen welche sie in einer französischen Bäckerei entdeckt hatte. Von weißen Tauben die in einer großen Schar zum Himmel aufflogen. Genau da erlebten wir diesmal eine Überraschung der besonderen Art. Ein Freund, der bei ihr das Osterfest mitfeierte, zauberte ein riesiges Kaninchen aus seinem hohen Zylinderhut.

Vor lauter Schreck fielen wir Samtpfoten fast um. Außer uns vor Aufregung hüpften und rannten wir dem Hasen der unsere Größe hatte, im abgesicherten Garten hinterher. Abends bekam jede von uns Fellnäschen ein Rührei als besonderes Geschenk.

Story 20: Heimkehrerparty

Rita, meine Menschomatin, hatte ich noch nie so glücklich erlebt wie jetzt, selbst als sie sich auf das unkalkulierbare Wagnis einließ, mit ihrem Göttergatten den ewigen Bund der Ehe einzugehen, zeigte sie sich nicht so überschwänglich. Ich hatte sie nie so freudig herumhüpfen gesehen, wie sie das gestern getan hatte, als ich nach etwa acht Monaten zu meinen Leuten, das sind Rita und Carsten, zurückkehrte. Sie schmiss sich geradezu enthusiastisch auf den Boden, um mich zu herzen und zu streicheln. Dann erst war Carsten an der Reihe mich zu begrüßen. Gerührt nahm er mich auf den Arm und trug mich stundenlang herum. Normalerweise zeigt er sich in seinen Emotionen eher ruppiger. Doch die lange Wartezeit 🐾 auf mich hatte selbst ihn verändert. Er war endlich sensibler geworden. Beide hatten mich schmerzlich vermisst. Zu meinem großen Bedauern können sie eine schlechte Angewohnheit einfach nicht lassen. Am Tag darauf schleppten die mich zu meinem Weißkittel, der nach vielen Aha's und Oh's befand, dass ich vollkommen gesund sei, „nur etwas abgemagert ist der Ausreißer", bemerkte er. Pflichtbewusst eilten meine Leute in den nächsten Supermarkt und kamen mit gigantisch gefüllten Einkaufswägen wieder zum Auto zurück. Nicht alles passte in den Kofferraum. Der Rest sollte von einem Lieferanten des Supermarktes ins Haus geschickt werden, denn sie hatten sich was das Fassungsvermögen ihres Autos leisten konnte, grob verschätzt. Zuhause ging Rita schnurstracks in den Bereich der Wohnung, welchen sie sonst mied wie der Teufel das Weihwasser, wann immer sie es nur konnte. Bei uns oblag es Carsten als Küchen- und Herdspezialist, seinen Dienst zu verrichten, wozu weiterhin die profanen Aufgaben wie das Geschirrspülen zählten. Ich hörte Rita unter der gestrengen Aufsicht von Carsten brutzeln und backen und beide quatschten dabei unentwegt über mich und mit mir. Ich roch einen intensiven aber feinen Duft – das war doch, ich überlegte, ja – es ist mein Lieblingsessen – der Geruch erinnerte mich daran, nach Monaten des nagenden Hungers. Sie bereiteten mir Doradenfilets in gelber Paprikasoße mit grünen Erbsen zu. Oh wie schön, ich freute mich, mir lief das Wasser in meinem Schnäuzchen zusammen. Beide hatten sich für den Rest der Woche Urlaub genommen, um nur für mich allein da zu sein.

Gemeinsam feierten wir meine Rückkehr. Ich erfuhr zu meinen großen Erstauen, dass sich mir bis dato vollkommen fremde Personen  um mich gesorgt und nach mir gefragt hatten, weil sie die Vermisstenanzeige jede Woche in der Zeitung lasen. Nun wurden sie alle über die Zeitung informiert, dass ich wieder zurück war. Ein Ereignis, dass die Kassen der Telefongesellschaft und aller Handybetreiber klingeln ließ. Die Türglocke in unserer Wohnung schellte oft in diesen Tagen. Einige Menschen kamen damit sie mich endlich sehen und begrüßen konnten. Noch nie wurde mir so viel Aufmerksamkeit gewidmet und Zuneigung entgegengebracht von so vielen Menschen wie in diesen Tagen. Mein Bild wurde großflächig in der Zeitung abgelichtet. Na ja, das auslösende Ereignis hatte sich mit einer Riesenschlagzeile in die Zeitung  gebannt. Eine Explosion im Heizungskeller hatte mich in die Flucht getrieben, so dass ich mich verlaufen hatte. Bis ich meinen Orientierungssinn wieder fand und mein Gehör wieder Geräusche wahrnehmen konnte, dauerte es sehr lange. Nun war ich der Star der Woche, man sprach nur über mich und mit mir. Unzählige Kosenamen wurden in meine Öhrchen geraunt. Endlich konnte ich mich wieder mühelos satt essen, lag auf einem schönen weichen Kissen und war fassungslos vor Glück. Die ganze Woche gestaltete sich als einzigartige Wiedersehensparty für mich und meine Rita und natürlich auch Carsten.

Story 21: Tag der Arbeit

Wie feiert man den Tag der Arbeit nun denn wirklich? Fragte sich Gonzales der Verdikater grübelnd. „Am sichersten ist es, wenn man sich an diesem Tag von allem fern hält, was auch nur im geringsten nach Arbeit aussieht", entgegnete ihm der pfiffige Sputnik. „Doch selbst an diesem Tag sind wir ja noch auf den Pfötchen", ächzte Miezi während sie ihre Pfötchenabdrücke zuvor in leuchtend roter Farbe eintauchte, damit sie es auf das letzte Wortbanner ihrer Menschen stapfen konnte. In wenigen Minuten würden ihre Dosomaten auf irgendwelche überfüllten Kundgebungen gehen, um dort stundenlang in Menschenmassen mit lautem Getöse die Strassen zu passieren. Da durften Sputnik und Miezi gemein-erweise nicht mitlaufen. Die Menschen waren der Ansicht, ihre Fellnasen hätten aber auch wahrhaftig besseres vor, als sich ihre zarten Pfötchen auf den grauen Asphaltsteinen wundzulaufen – oder etwa nicht? Die Menschis sollten bald darauf eines besseren belehrt werden.

Gonzales gab sich größte Mühe, die bequemere Gruppierung der Miezgenossen für eine Arbeitsdemonstration der besonderen Art zu überzeugen, sich für ein gemeinsames Ziel zu engagieren. „Ihr müsst wissen was euch eure Mensche seit Jahren schuldig sind!", betonte er in seiner feurigen Ansprache an die träge Mann- und Frauschaft der sonst aktiven Miezarbeiter. „Zehn Prozent mehr Leckerlizugabe, drei freie Tage in der Woche und noch viel mehr unbefriste-te Jobs für arbeitslose Straßenkatzen", forderte er mit fester Stimme. Seiner spannenden Rede konnte sich kaum eine Fellnase entziehen. „Aber ich habe Angst, wenn mich mein Mensch dabei erwischt, der setzt mich garantiert vor die Tür", wandte Pünkti mit leiser Stimme schüchtern ein. Dieses Problem teilte er noch mit einigen anderen Artgenossen, die als Pflegekatze nur befristet in einem Dienstverhältnis ihrer Menschen standen. Der verängstigte Kater fürchtete sich aus eigener bitterer Erfahrung erneut auf der Strasse zu landen. Gonzales runzel-te leicht verärgert seine hohe pelzige Stirn. „Das wird dir so oder so passieren, wenn du dich nicht endlich wehrst weiterhin so mies behandelt zu werden", ent-gegnete er energisch. Pünkti tippelte unentschlossen von einem Pfötchen auf das andere. Schließlich gab er sich einen Ruck und reihte sich beinahe schon todesmutig in die Gruppe der aktiven Fellnasen mit ein. „Erst die Arbeit- dann das Vergnügen", motivierte Sputnik die anderen und zeigte ein breites Grinsen. Hoffnungsvoll fröhlich stapften die Samtpfoten los und riefen immer wieder voller Überzeugung ihre diesjährigen Forderungen an ihre Dosomaten aus. Mehr und mehr Felltierrabauken schlossen sich aus allen Ecken und Winkeln der Katzentruppe an. Dies verlieh insbesondere den unsicheren Katzen mehr Mut.

Am Zielpunkt angekommen, erblickten sie Mikesch der stolz lächelnd vor einem riesigen Topf auf sie wartete. Er hatte jede Menge Rinds- und Geflügelwürstchen an seine Katzengenossen zu verteilen. Der Dorfmetzger war großzügigerweise bereit, diese Würstchen „für einen guten Zweck" an Mikesch abzugeben, damit ihm dieses Katzenvieh nicht länger mit seinem aufdringlichen Miauen auf die Nerven ging. Selbstverständlich wurden die Würste anteilsgerecht an die „demonstrativ feiernden" Katzenrabauken verteilt. Am großen Karl-Marx-Platz herrschte ein reges Treiben. Man vernahm Stimmengewirr, hörte einige Kätzchen verbotene Lieder singen und sah noch mehr Fellnasen ihr Essen mampfen. Die Sonne strahlte zufrieden auf alle hinunter. Der angenehme Teil des ersten Maifeiertages war in vollem Gange. Ganz sicher würden Sie mit ihrer Forderung durchkommen, wenn nicht, dann bestünde immer noch die Möglichkeit eines vereinzelten Sitzstreikes vor dem Glotzophon der Menschen, am besten zum abendlichen Fernsehprogramm. Solange, bis all ihre bescheidenen Forderungen rückhaltlos durchgesetzt wären. Es lag eine fröhlich hoffnungsvolle Stimmung in den reinen Herzen der Katzen.

Story 22: After-Work-Party – lasy friday

Warum gibt es in der Arbeitswelt den „Feierabend"? Mal ehrlich, unsere Menschen eilen von ihrer Arbeit nicht nachhause damit sie feiern können, sondern sie stürzen sich umgehend in die nächste Arbeit – die Hausarbeit. Aus diesem Grund führten sie die After-Work-Partys ein, damit sie ein bisschen Glamour in ihre die graue Arbeitswelt bringen konnten. Weil unsere Menschen diese Party überwiegend an den Donnerstagen feiern, nutzen wir den FREI-tag. Warum? Nun ganz einfach, findet Ihr es nicht skandalös, erst Stunden später als an den übrigen Wochentagen zuhause einzutrudeln und uns in unnötiger Angst und Sorge um Euch ganz allein zu lassen?! Ihr sollt endlich wissen, wie schmerzlich es sich anfühlt, insbesondere für uns Wohnungskatzen, eine halbe Ewigkeit auf jemanden zu warten, den man vermisst und der sich dazu meist nicht ordnungsgemäß bei uns abgemeldet hat. Ganz zu schweigen von der Einholung unserer gnädigen Genehmigung für derlei Ausschweifungen unserer uns anvertrauten Menschis. Ab jetzt nehmen wir uns auch derlei Rechte heraus, basta!

Schnell einigten wir uns als geeigneten Versammlungsort auf das für alle nächstliegende Wohnzimmer in unserem Wohnblock. Das Hilfspersonal, die Katzenhalterin Kirsten unseres Kollegen Amigo, wurde von ihm angewiesen für unsere Verpflegung zu sorgen. Wir waren zufrieden mit ihr. Sie gab sich nicht nur Mühe alles entsprechend bereitzustellen, sondern erfüllte unsere somit Anforderungen zu unserer vollständigen Zufriedenheit und verzog sich zu gegebener Zeit dezent, damit wir ungestört unter uns waren. Als ich, Amigo, meine kätzischen Kumpels in die Wohnung einließ, griffen die natürlich als erstes am Buffet herzhaft zu. Durch unterschiedliche Interessen und Themengebiete bildeten sich kleine Grüppchen. Kasimir aus der Abteilung Außendienst, fachsimpelte ausführlich mit seinen Kollegen, bis man auf die Frage der Gehaltsliste kam. Man überlegte wie man mit seinem Menschen eine größere Provision für jedes Mausmitbringsel aushandeln könne. „Wisst ihr", machte Kasimir den anderen klar, „wenn wir unsere Forderungen hoch genug ansetzen, haben wir einen besseren Spielraum", argumentierte er nachdrücklich. Interessiert gesellte sich der Gewerkschaftskater

Gonzales dazu. „Meine Unterstützung garantiere ich euch sofort auf die Pfote. Ich finde die Knauserigkeit mancher Katzenhalter schon für absolut streikwürdig", ereiferte er sich empört. In der anderen Ecke der Küchenzeile plauschten Miezi, die Faxbeauftragte, Sissi, die Chefpapierassistentin und Clarissa die Einkaufszettelverwalterin, über dies und das. Als die kleine giftige Plaudertasche Dori dazustieß nahm das freundliche Geplauder bissige Formen an.

Dori oblag bei ihren Menschen das Controlling der gesamten Haushaltsführung, ihren Beruf liebte sie mit Leib und Seele. Sie verinnerlichte ihn so sehr, dass sie dadurch schon einen zwanghaft überwachenden Charakter entwickelte und immer ihr Pfötchen auf die Unzulänglichkeiten der anderen legte, jedoch grundsätzlich nie bei sich selber. Andere Miezarbeiter litten unter ihr. Es schien ihr zu gefallen. „Habt ihr schon gehört?", begann sie sich über Hexi auszulassen, dazu muss man bemerken, dass Hexi gerade erst kürzlich von der Arbeitsvermittlung des Tierheimes Heidelberg an die Katzenhalterin im Dachgeschoß vermittelt wurde. Hexi nahm es mit den Dingen nicht so genau wie es andere von ihr erwarteten, sie hatte bisher ihren Schwerpunkt auf ihr eigenes Überleben gerichtet und nicht auf irgendwelche Kleinlichkeiten und zeigte nicht pingeligste Sorgfältigkeit bei der Erledigung ihrer Jobs als Testesserin in anderen Haushalten. „Stellt euch vor, die frisst was sie nur kriegen kann, die ist absolut geschmacklos", schimpfte Dori über sie. Es fiel ihr immer mehr schlechtes zu Hexi ein, dass sie zum Beispiel hässlich sei und benehmen könne sie sich auch nicht, ereiferte sich Dori und redete sich immer mehr in Rage. Um nicht vor Dori schlecht dazustehen, wagte keiner ihr zu widersprechen. Leider ist derartiges Geläster über Nichtanwesende immer ansteckend, besonders als Dori an einem Punchminzdrink schlürfte. Warum Hexi nicht erschienen war hatte seinen Grund. Nach einem laut kreischenden Streit mit Dori, bei dem Hexi ein paar Fellflusen lassen musste, war ihr die Lust sich mit den anderen zusammen zu treffen, restlos vergangen. Dori hatte bereits ein paar dieser Drinks gekippt als der alte Chefkater in der Küche erschien. Angeheitert ob ihrer Drinks prostete sie dem Kater übermütig zu. „Trink aus meinem Näpfchen Gyrillay", rief sie quer durch den Raum. Gyrillay erstarrte aufgrund ihrer Unverfrorenheit. Sie bemerkte sein Zögern und tippte, um dem ganzen noch die Krone aufzusetzen, in ihrer ausgelassenen Stimmung mit ihrer Pfote auf seine. Gryrillay verabscheute derlei Distanzlosigkeiten, besonders dann wenn sie in leicht benebelten Zuständen geschahen. Und diese Duzerei verbat er sich strengstens. Er kehrte der illustren Schwatzrunde einfach seinen Allerwertesten zu, damit sie hoffentlich begriffen, was er von derlei Missachtung seiner Chefposition hielt. Lieber fachsimpelte er mit der quirligen Klecksi von der Designerabteilung, die immer so gute Einfälle hatte. Im Großen und Ganzen wusste er trotz seiner leichten Verärgerung, dass auf solchen Betriebsveranstaltungen stets geratscht, aber auch gefachsimpelt wurde. Meist schlichen dann einige der Teilnehmer am nächsten Tag verschämt um die Bäume herum und andere die Karriere machen wollten, klebten ihm wie zäher Kaugummi an seinem schönen Fell und waren kaum abzuschütteln. Doch selbst diese betrieblichen Zusammenkünfte gehörten zum Berufsleben. Sie wurden unter den Kosten als Fortbildungsmaßnahmen für Miezarbeiter abgeschrieben.

Story 23: Friedensfeier – Freiheit – Gerechtigkeit - Protestfeier

Wie viele Fellnasen und „Hundekissen" hierbei eintreffen würden, würde wohl niemals aufs Komma genau zählbar sein. Daher gab die kleine Praktikantenkatze Püppi bereits nach einer Stunde das Zählen auf. Ihr war schon ganz schwindelig geworden, weil sie in jede Richtung blicken musste, aus der die Tiere herbeiströmten. Diese Veranstaltung war nach vielen unnötigen und kritischen Auseinandersetzungen untereinander - Hund gegen Katze – Nichttierhalter gegen Tierhalter, längst fällig. Besonders nachdem sogar ein berufserfahrener Mediator entnervt und desillusioniert im Eiltempo das Weite gesucht hatte. Wir hatten in der Tat edle Vorsätze im Gepäck. Vielleicht könnten wir mit unserer Kundgebung gegen die Intoleranz der menschlichen Hausbewohner eine Entschärfung erreichen. Eine bestimmte Hausbewohnerin schwappte geradezu über vor Erbostheit wenn sie auch nur an den Begriff „Katze" dachte oder diesen hörte. Zudem war diese Dame noch mittelalterlich abergläubisch – sie hasste Katzen, besonders wenn diese das „kleine Schwarze" trugen. Das war geradezu besorgniserregend. Ebenfalls bestand zwischen Hunden und Katzen ein gewisses Missverständnis. Mit einer kleinen Kundgebung gegen die hausgemachten Barrieren könnten wir den Weg für ein besseres Miteinander ebnen. Schließlich hatten wir in der Vergangenheit genug gestritten und uns gegenseitig fürchterlich angefeindet. Sehr zu unserem Schaden. Unsere Halter gebärdeten sich in dieser Hinsicht sogar noch wesentlich schlimmer als wir selber. Zwischen Ronja und Peggy-Lie lag eine äußerst schlechte Stimmung in der Luft. Viel zu oft wurde die vor dem Fenster schlafende Peggy durch das Ohren betäubende Gebell von Ronja jäh aus ihrem altersentsprechenden Schlaf gerissen. Es war für sie kaum noch auszuhalten. Da sie als die Klügere nachgab, verzog sie sich aus ihrem Stammplatz in einen sicheren aber weiter entfernten Platz. Sie wusste, dass sie gegen den viermal so großen Hund kaum etwas ausrichten konnte. Es sei denn, die Fellnasenbande würden in einer Gruppe dem Hund auflauern und ihn einmal kräftig vermöbeln. Auch ihre Dosine hatte längst genug von dem unerzogenen Hund und seiner hilflos scheinenden Halterin. Blacky hatte den Husky von nebenan inzwischen zum fressen gern, nachdem er den betagten Kater mit gefährlich gesträubtem Fell nachgestellt und auf einen Baum gejagt hatte. Ein Schatten böser Gedanken schwebte drohend über unserer Siedlung. Es bestand akuter Handlungsbedarf, damit man schleunigst wieder Frieden herstellen konnte – bevor die Angelegenheit sich noch katastrophal auswirken würde. Damit dieser Ärger endlich ein Ende haben würde, nahmen sich die Katzen sich dieses Themas in einer ihrer ausufernden Besprechungen an. „Wir brauchen die Hilfe unserer Menschis", meinte die weise Peggy-Lie. „Aber wie um Himmels willen, können die uns gegen diese Kläffer zur Seite stehen", entgegnete Blacky ratlos. Betreten blickten die Fellnäschen auf ihre Pfötchen. Die neue Katze Puschel aus der dritten Etage starrte Löcher in den hellen Himmel. Dann schmunzelte sie verschmitzt und meinte in voller Überzeugung zu den anderen: „Lasst mich das nur machen", gemächlich schritt sie von dannen. Eine Woche später hatte sie ihre Mission erreicht. Ihrem zuckersüßen Gesichtchen konnte keiner widerstehen – und sollte es doch einer wagen, starrte sie dieses Etwas stets in Grund und Boden. Schlau wie sie war, strich sie jedem Hundehalter, wenn dieser ohne den Begleitschutz seines vermeintlichen Kläffers sich den Häusern näherte, um seine Füße und schmachtete diese Menschen schnurrend an. Sie hielt ergebnisreiche Gespräche mit dem älteren Hund Buddhaso, einem älteren berner sennenhund, der ein äußerst liebevolles Gemüt hatte. Seine Aufgabe bestand darin, die anderen Hunde auf das Friedensfest vorzubereiten. Sobald er am nächsten Morgen auf der großen Wiese mit seinen Artgenossen herumtollte, erzählte er ihnen, was er von Puschel erfahren hatte. Der Widerstand war für ihn nicht leicht zu verkraften. Einige Hunde empörten sich über rauflustige Fellmonster. „Stell Dir vor, die biestige Gestreifte hat mir doch glatt ihre Krallen über meine Wange gezogen, empörte sich ein ungestümer Mischlingshund, ein anderer beklagte sich über die mutmaßliche Ungleichbehandlung zwischen ihm und der Katze des Hauses: „Sie darf rausgehen, wann es ihr passt. Die haben sogar extra eine Katzenklappe in die Tür installiert – nur wegen dem Katzenvieh!", schimpfte er. „Immer mit der Ruhe", bremste Buddhaso den Ärger der anderen Hunde, die sich schon mit ihrer schlechten Stimmung ansteckten. Es war tatsächlich schwieriger als er gedacht hatte, sie zu überzeugen doch gemeinsam zu feiern.

Etwa zwei Wochen später fand dann das Friedensfest endlich statt. Alle tierischen und „untierischen" Bewohner aus der langgezogenen Ringstrasse trafen nach und nach beim Haus des Apothekers in der Krumholzstraße ein. Überall standen Tische und Bänke auf dem großen Platz vor dem Gebäude. Jeder brachte irgendetwas Essbares und als Geschenk etwas „entbehrbares" zur gemeinsamen Aussöhnung mit. Durch die freudige Erwartung und unverhohlene Neugier entstand eine freudige Atmosphäre, die sich auf alle anwesenden Gäste ausbreitete. Selbst der eigennützige Schäferhund Raffko opferte seinen Lieblingsknochen, welchen er der Samtpfote Luzie, die er sonst immer scheuchte, als Zeichen seiner Friedfertigkeit artig  vor ihre Pfötchen legte. Sie bedankte sich mit einem lauten Schnurren und überließ ihm dafür ihre kleine Spielzeugmaus. Die mitgebrachten Essensgaben in Schüsseln und Gläsern türmten sich auf dem Abstelltisch. Es wurde herzhaft geschmaust, geredet und gelacht. Später führten die Kinder einige Kunststückchen vor, die sie mit ihren Haustieren eingeübt hatten. Früh am Morgen beschloss die inzwischen näher zusammengerückte Feiergemeinschaft die Reste des Gelages, der Tiertafel zukommen zu lassen. Endlich war der Grundpfeiler für mehr Verständnis und Gemeinschaftssinn gelegt.

Story 24: Genesungspartys

Unglaublich lange hatte es gedauert bis sich Gismo von seinem schweren Baumabsturz erholt hatte. Das brachte ausgerechnet ihm als überzeugtem Freilaufkater den verhassten Hausarrest ein, was ihm noch mehr zusetzte. Doch praktisch wie er veranlagt war, nutzte er diese Zeit für sich. Die Bücher seiner Dosine hatten es ihm schon länger angetan. Gewiss könnte er darin Antworten auf seine Fragen zu gewissen Dingen über die merkwürdige Gattung der Menschen erhalten. Die Katzen draußen vermissten ihn sehr. Stets schwang sich eine Samtpfote auf den Fenstersims zu seinem Krankenzimmer und sah durch das Fenster zu ihm. Auf diesem Weg erfuhr er wenigstens was es an Neuigkeiten gab. Er konnte dies am Schnäuzchen der Besucherkatzen ablesen.

Am dreißigsten Tag war es dann soweit. Kasimir hatte sich gerade auf den Sims hochgeangelt. Als Gismo ihn sah, stand er ohne Schwierigkeiten auf und trommelte fröhlich mit seinen Pfoten kräftig an die Glasscheiben. Morgen darf ich wieder zu euch heraus, sag es ganz schnell den anderen, schrie Gismo glücklich durch die geschlossenen Fensterscheiben. Kasimir lief zu seinen Freunden und erzählte ihnen die gute Nachricht. Sie beschlossen ihn mit etwas besonderen zu überraschen.

Noch leicht wacklig mit seinem Hinterbeinchen, stakste Gismo mit Freddy zum altbekannten Treffpunkt der Feld- und Wiesenkatzen am kleinen Bach. Freudig wurde er begrüßt und umringt. „Hallo, bist du endlich wieder fit?", fragte Karlos der auf einer Trauerweide verweilte, zu ihm herunter. Gismo schüttelte vorsichtig seine Pfötchen, damit alle sehen konnten, dass es ihm wieder besser ging. „Sag mal, hast du den Weißkittel gefressen?", bemerkte Maurizio keck. „Aber nein, wie kommst du nur auf diese komische Idee?", entgegnete ihm Gismo. „Wisst ihr nicht, dass der seinen Beruf gewechselt hat, weil er Katzenhaar- und auch noch Hundehaarallergie bekam?", antwortete Miezi. Alle staunten beinahe fassungslos über diese Nachricht. Timo ein gestrifter Kater, drängte zum Aufbruch an den Fischteich, der erst kürzlich neu angelegt war. Er wollte Gismo eine besondere Freude damit machen. Doch als sie dort ankamen stand Ihnen die Enttäuschung in ihre putzigen Gesichter geschrieben. Der Hausbesitzer hatte seinen Teich zu gut vor den diebischen Katzenräubern abgesichert. So beschränkte sich die Fellnasenbande nach einer kurzen Absprache eben auf das Fischen am großen See, in dem es derzeit vor Kaulquappen und Wasserspinnen nur so wimmelte. Mühevoll hatten sie ein paar Wasserläufer gesammelt und servierten diese ihrem Kumpel Gismo. „Wie konntest du es nur so viele Wochen ohne uns aushalten?", fragte Carlos. „Das dachte ich genauso, bis ich die Bücher im Regal entdeckte", beantwortete Gismo".

„Es ist kaum zu glauben, was die Menschen so alles lesen und doch nicht schlau dabei werden. Bitte kommt doch einmal alle etwas näher, ich muss euch etwas verraten. Bitte erzählt es keiner anderen Menschenseele weiter, nicht einmal euerer eigenen Dosomatin – und schon gar nicht dem netten Briefträger. Ratet mal, was mir in meine Pfoten gelangte. Ihr kommt garantiert nicht darauf. Als ich mich wieder einmal langweilte und durch das Bücherregal schlich, fiel ein Stapel mit Büchern vom Schrank. So wurde ich auf ein kleines eingebundenes Buch aufmerksam. Da es schon offen aufgeschlagen auf dem Boden lag, las ich darin. Zu meinem großen Erstauen stand da etwas über mich darin – handgeschrieben. Klarer Fall, das ist eindeutig das Tagebuch meiner Dosine". Kasimir verdrehte leicht die Augen. „Als ich dieses Buch las, wusste ich wie sehr mich meine Menschin liebhatte", erzählte Gismo seinen Kumpeln. Gerührt lauschten diese seinen Ausführungen. „Das muss belohnt werden", meinte Kasimir entschlossen. „Lasst uns unseren Menschen ein paar Fische bringen, schließlich geht Liebe durch den Magen", maunzte er voller Überzeugung. Nach einer Weile hatte jede Samtpfote etwas in ihrem Schnäuzchen, das sie als Geschenk für ihre Menschen vorsichtig nachhause trug. Gespickt mit Blättern und Gräsern, wurde der Fisch auf den Küchentisch platziert, was jedoch nicht bei allen unseren Menschis restlose Begeisterung auslöste.

Story 25: Halloween

Mit diesem Ereignis lehrten wir besonders abergläubische Menschen das Gruseln. Wir pfiffigen Fellnasen lieben es besonders. Denn dann sind wir frei von gestrengen Benimmregeln und dürfen die Menschen, besonders die, die gerade uns schwarze Katzen nicht in ihr Herz geschlossen haben, in besonderer Art und Weise ungestraft foppen. Melanie gestaltete Kartons in der annähernden Form wie Kürbisse und beklebte sie mit orangefarbener Folie. Dann stellte sie dieses Gebilde dekorativ an unterschiedlichen Plätzen in der Umgebung auf. Die Kartonecken hatte sie abgerundet. Wie wir nun einmal neugierig sind, untersuchten wir die Inhalte der Kartonkürbisse. Es war lustig sich in die Pappkürbisse hineinzukuscheln und die Pfoten zu den Löchern herauszustrecken. Miezi hatte für diese spezielle Geisternacht sicherheitshalber einen Tag vorgeschlafen, was ihre Katzenhalterin enorm beunruhigte. Die hatte wieder mal keine Ahnung vom geplanten Treiben der Katzen, weil sie sich für derartige Feierlichkeiten zu keiner Zeit interessiert hatte. Sie verstand nicht weshalb sich Miezi den ganzen Tag bei hellem Sonnenschein auf dem Sofa herumräkelte anstatt wie immer an die frische Luft zu gehen. „Miezi, was ist los mit dir? Du bist doch nicht etwa krank? Warum hast du kaum etwas gegessen?", nervte sie ihre Samtpfote. Denn derlei Fragen mochte Miezi überhaupt nicht hören. Als ihre Dosine auch noch begann ihr an ihrem Pelz herumzutasten, war für Miezi das Maß voll. Mit weit aufgerissenem Mäulchen gähnte sie gefährlich die störende Dosine an und zeigte ihre messerscharfen Zähnchen. Das zeigte eine enorme Wirkung. Zu vorgerückter Stunde versammelten sich die Rabaukenkatzen der Wohnblocks am ersten Hauseingang.

Dort begann ihre Mission – Leckerlis oder Faucherle. Irgendein Bewohner hatte glücklicherweise die Haustüre offenstehen lassen. Unbemerkt schlich sich der Katzentrupp durch das hohe Treppenhaus. An einer Türe im obersten Stockwerk blieben die Katzen stehen. Carlos fuhr seine Krallen aus und bearbeitete die Wohnungstür. Erstaunt öffnete die Katzenhalterin von Cindy die Eingangstür. Fassungslos blickte sie in den Hausflur auf die Katzenbande. Wie einstudiert miaute Sputnik ihr sein eingelerntes Sprüchlein vor „Leckerlis oder Kreischkonzert". Nancy konnte sich ein herzhaftes Lachen nicht verkneifen. „Kommt rein, klar

habe ich etwas Gutes für euch", lud sie die Samtpfoten ein. Die Katzendame Puschel war überrascht. Noch nie im Leben hatte sie so viele Samtpfoten in ihrer
Wohnung gehabt. Glücklich genoss sie die willkommene Abwechslung.

Das große Aufräumkommando

Dies sind für uns mitunter die größten Spaßverderber, die man sich nur vorstellen kann. Bewaffnet mit Besen, Kehrschaufel und übel riechenden Putzmitteln rücken sie an, um klägliche Partyreste restlos zu entfernen. Meist sind diese Personen während ihres Arbeitens in unerträglicher Weise miesepetrig und plappern dabei irgendwelches dummes Zeug vor sich hin.

Partybilanz

Tja. Was zählt letztendlich unterm Strich? Ein paar wertlose Porzellanscherben, ein verwüsteter Esstisch – oder doch eher unsere Lebensfreude, die uns strahlend schön erscheinen lässt? Unsere Zufriedenheit mit unserem Leben und unseren Menschen ist unabdingbar förderlich für unsere wertvolle Gesundheit. Jetzt fragt Euch doch einmal selber: Was wäre das Leben ohne es zu feiern? Mit all seinen Verpflichtungen ist es doch nur grau und trostlos. Klar, ganz kostenfrei ist das natürlich selten und der Spruch „ohne Knete keine Fete" hat schon seine Berechtigung. Liebe Menschen, seid jedoch unbesorgt, die Mäuse können wir selbst heranschaffen.

Partymäusehopper

Es ist nicht immer ein Vergnügen von einer Party auf die andere zu hüpfen. Auf eine Einladung folgt erwartungsgemäß die nächste Gegeneinladung. Genau aus diesem Grunde lag Kasimir vollkommen erschöpft und benebelt in einer Ecke. Das hatte er nun davon. Nicht nur das er ein Kater war, der in seiner Vergangenheit keine Party ausgelassen hatte, nun bekam er dafür auch noch die Quittung für sein exzessives Leben auf der Überholspur, umgeben von allzu charmanten Katzendamen und dem kulinarischen Überfluss ausufernder Gelage. Nur langsam begriff er, dass er nicht mehr der jüngste war und ihm der junge Fridelino längst die Show gestohlen hatte. Seine ursprüngliche Vitalität ging buchstäblich den Bach hinunter. Dies hinderte ihn keinesfalls daran, die eine oder andere Festlichkeiten weiterhin zu besuchen.

Der Rechnungsschreck

O weia, seufzte Karina, als sie die Rechnung ihrer partyhungrigen Sharelli präsentiert bekam. Klammheimlich hatte das Kätzchen im jugendlichen Übermut in einer unbeobachteten Minute im Internet eine unvorstellbar große Bestellung getätigt. Sie war zu lange mit ihrem Hinterteil auf dem Nummernblock der Tastaturtaste gesessen, was die Zahlen wie Sekundenzeiger in einer Uhr rasen ließen. Wollte sie etwa eine Vorratshaltung für ein Fabrikgebäude anlegen? fragte sich Karina, ihre Dosine besorgt.

Rechnung- Nr.: 1001

Katzenpartyausstattungen
Heller und Pfennig
Inh.: Wucher
8080 Teurenhausen

31.07.2011

Informationsgespräch	200 Mäuse
Organisation	350 Mäuse
Lieferung unfrei Haus	125 Mäuse
Scherzartikel	230 Mäuse
1000 Dosen Schlemmergourmet	3.000 Mäuse
500 Qualitätsfilet	2.000 Mäuse
Diverses	800 Mäuse

Gesamtsumme incl. Ust: **6705,- Mäuse**

Zu begleichen ab sofort. Ansonsten Verzugskosten Von 20 % der Gesamtsumme. Garantiert Skontofrei.

Gerne können wir Ihnen gegen einen Blankoscheck einen noch größeren Auftrag anbieten.

Mit großem Dank. Inhaber: Wucher.

Bank: Kommerzialbank, BLZ 246 111 012, Kontonr.: 555 999

Merken Katzen wann ein Feiertag ist?
Aber sicher. Sie haben dafür ihren ganz eigenen Kalender. Außerdem liegen ihre Menschis zuhause faul auf dem Sofa herum, anstatt Moneten beizuschaffen.

Partyrituale

Rituale können langweilig sein oder beruhigend. Je länger ein Ritual herausgezogen wird, umso bedürftiger werden die Gäste danach. Stellt Euch vor Ihr seid auf einer Party eingetroffen und müsst auf den Aperitif und die Vorspeise warten. Zwei Stunden reichen aus, um aus erwartungsvollen fröhlichen Gästen, bissige Gesellen zu machen. Sie können sich garantiert sicher sein, dass Ihre Party gnadenlos in der Luft zerrissen wird. So nach dem Motto: „Und dann mussten wir noch den Pizzamäuseservice bestellen, weil die Gastgeber den Service nicht auf die Reihe gebracht haben".

Partyspiele:
Mauselochsuchen, Mit Leckerlis zocken, Luftschlangen zerreißen, Verstecken spielen, Buchstabenraten, aber jetzt bitte bloß nicht fiese Hütchenspielereien mit Chrunchis betreiben.

Fremdübernachtung:
„Bring bitte heute Abend mein Körbchen zu Gabriele" bat Süssili ihre Menschomatin freundlich. Süssili, die sich in ihrem nahen Umfeld einen hohen Beliebtheitsgrad nahezu mühelos erarbeitet hatte, war ein sehr gern gesehener Gast, die sogar eifersüchtige Katzenluder in der Nachbarschaft um ihre graziösen Pfötchen wickelte. Wundern Sie sich daher nicht, wenn Ihre umtriebige Katze sich mal eine Nacht nicht blicken lässt. Es könnte vorkommen, dass ein anderer Katzenhalter oder Nachbar, diese schlafend bei sich vorfindet.

Wer ist hello-kitty?

Eine von Menschen geschaffene Idealkatze, die fortwährend zuckersüß wirkt, sich vegetarisch ernährt, keinen Schmutz macht und nichts zerstört. Von unzähligen Menschen und Fans ihrer Art wird sie daher heiß und innig geliebt.

Doch am meisten schätzen sie ihre Produzenten und Verkäufer, besonders wegen der „Mäuse" die sie ihnen einbringt. Es zählen bedauerlicherweise wie immer nicht die inneren Werte, sondern nur wieder die Äußerlichkeiten und der schnöde Mammon. „Es ist doch immer wieder frustrierend das mitzubekommen", äußerte Rabauki entrüstet.

Im Notfall – Rettungsmaßnahmen für Lärm geplagte Nachbarn

Oropax, Torten, Bier als Schweige- bzw. Stillhalteobolus bereitstellen, um fiese Unterschriftenaktionen gegen die Mieze und Sie zu verhindern. Notfalls können Sie dafür ein Warenlager anmieten.

Schönheitsvorbereitung

Ist eine Frage des eigenen Stils, der Wertigkeit und dient letztendlich nur der eigenen Positionierung in Sachen Partnerschaft und Karriere.

Schlusssatz

Meine liebe Menschis,

so einige von Euerer Gattung feiert viel zu wenig in Eurem begrenzten Leben. Die anderen „festeln" zu ausufernd, bis sie am nächsten Tag nicht mehr wissen wer sie sind und wo sie sich gerade befinden.
Dennoch meine ich, dass Freude und Feste das Leben grundlegend schöner machen. Das kann ich Euch aus meiner eigenen Erfahrung maunzen.

Feiert das Leben und die Anlässe wie sie kommen und gehen. Die Hoch- und die Tiefzeiten, die Geburten und das Aufsteigen in andere Entwicklungsstufen und vieles mehr.
Geniest die glücklichen Stunden im Leben.

Bis bald
Euer Kater Sumpfimoso von Schluckispecht

P.S.: Schreibt mir doch einfach wie Ihr mit Euren Fellnäschen feiert.

Begriffe

Wörter	Bedeutung
Dosine, Dosomat, Menschis, Menschomat, Futtomat(en)	Katzenhalter allgemein
Halbdosine	Eine Katzenhalterin hat sich noch nicht komplett für eine Katze entschieden, füttert diese jedoch regelmäßig.
Hundekissen	Hunde, die von Katzen als Schlafkissen genutzt werden.
VIC	Very important Cat, sehr wichtige Katzen
Terz machen	Jemand, der sich grundlos aufregt.

Hinweis:

Quellnachweise: Sind an den jeweiligen Stellen gekennzeichnet.
Bildnachweise: Software: Data Becker, Goldene Serie.

Bisher veröffentlichte Bücher
Katzenbuchserie:

Die berufstätige Katze
Ein humoristisches Sachbuch zum Tag der Arbeit für oder mit der Katze. In diesem Buch erfahren Sie endlich detailliert, was Ihre Business-Katze tagtäglich vollkommen - selbstlos- für ihren Unterhalt so leistet.
Mit kleinen Alltagsbeispielen, Berufsbeschreibungen, Tests, Tabellen und mehr.

168 Seiten, 26 Farbseiten, Paperback,
15,90 EUR , erschienen im Juni 2010

ISBN-13:
978-3-83913-808-3

Im Namen des
Katzenvolkes
Humorvoll wird geschildert, wie die Samtpfoten und deren Halter mit dem von Menschen geschaffenen Paragraphen-werk leben und was sie selbst daraus machen. Bevor auch Ihre Katze in die bedenkliche Gefahr gerät von „bösen" Menschen verklagt zu werden, erfahren Sie wie Sie dem Risiko rechtzei-tig vorbeugen können. Ergänzt mit vielen lustigen Kurzge-schichten.

ISBN:
978-3-8423-2722-1

168 Seiten, 8 Farbseiten, Paperback,
11,90 EUR, erschienen im Oktober 2010

Vermisst!
Wie Sie Ihre verschwundene Katze wiederfinden können
Sie wollen Ihre vermisste Katze wiederfinden? In diesem Buch erfahren Sie jede Menge Tipps und Informationen die Ihre Suche nach Ihrer verschwundenen Fellnase zum Erfolg führen können. Gleichfalls erfahren Sie wie Sie vorbeugend gegen das Verschwinden der Samtpfote wirken können.
Ergänzt mit Mustersuchanzeigen und Adressen. Abgerundet wird der Ratgeber durch achtzehn spannende Kurzgeschich-ten und Bildern.

ISBN
978-3-8423-2999-7

116 Seiten, Paperback,
8,90 EUR, erschienen im März 2011

Bücher sind im Buchhandel erhältlich oder im Internet unter den Links:

- www.die-rote-Feder.de
- www.amazon.de
- www.bod.de
- www.buecher.de